Livre de coloriage mandala de Noël

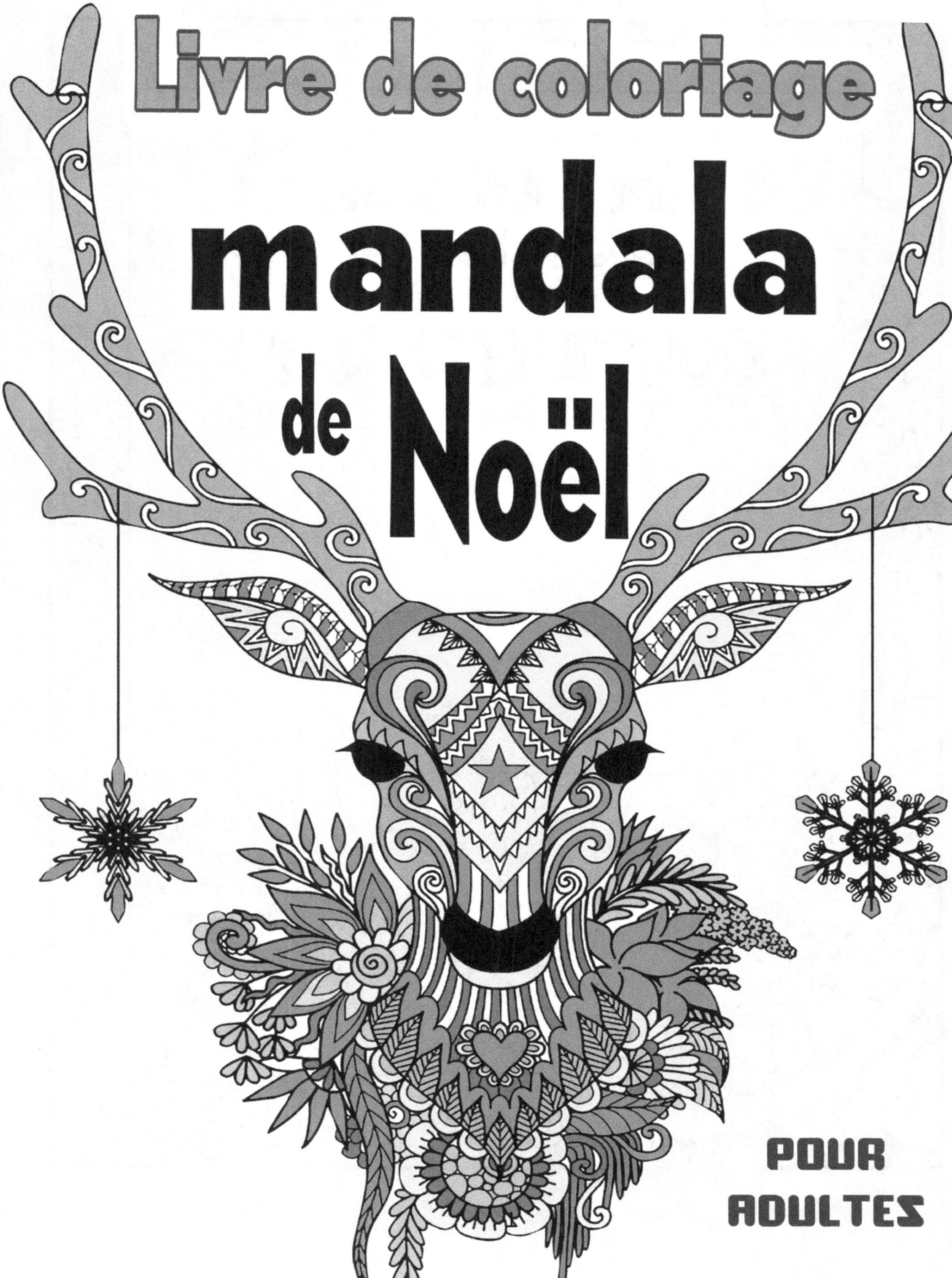

POUR ADULTES

Ce livre appartient à

____

____

Livre de coloriage mandala de Noël pour adultes

S.M DESIGN

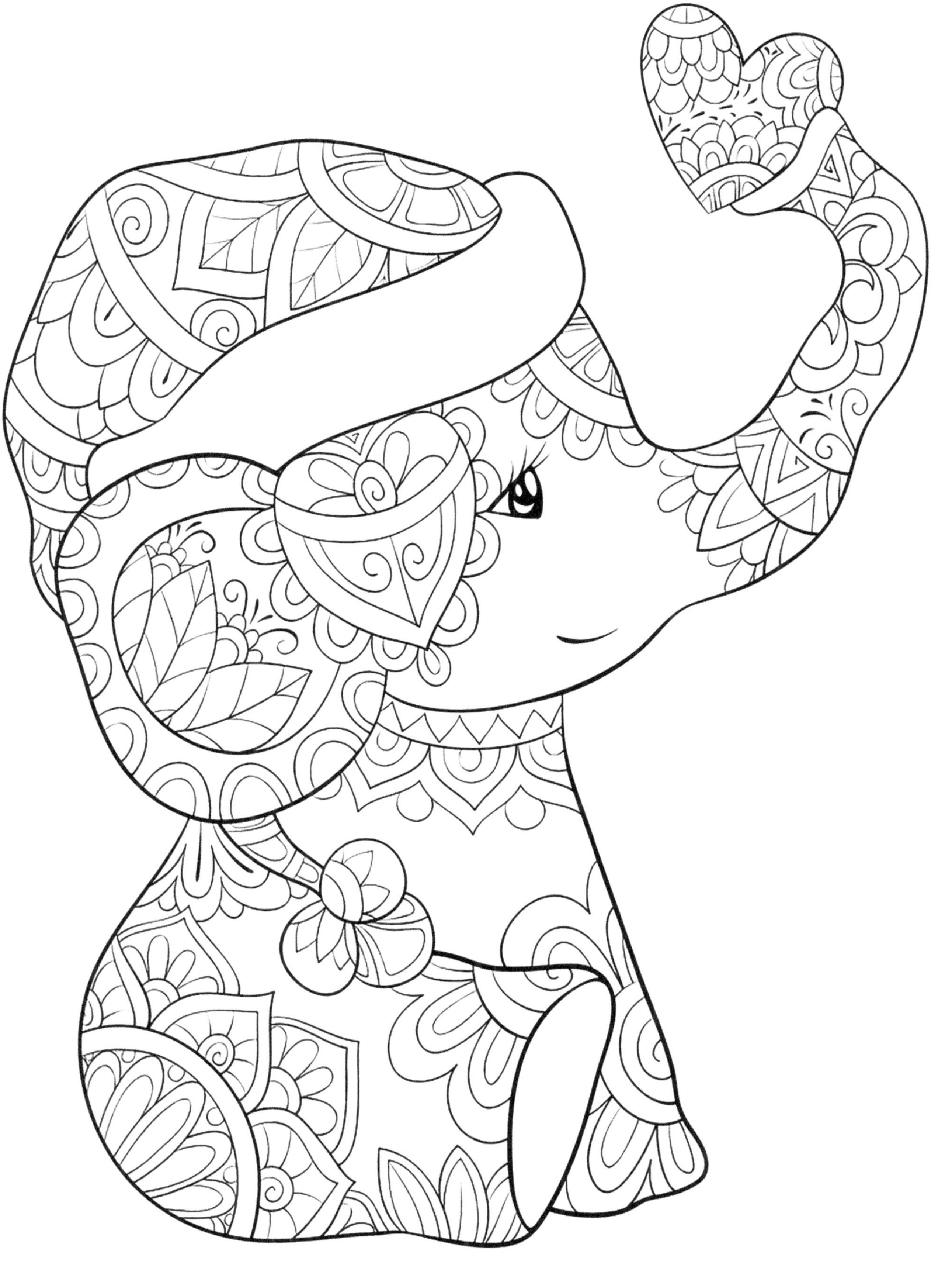

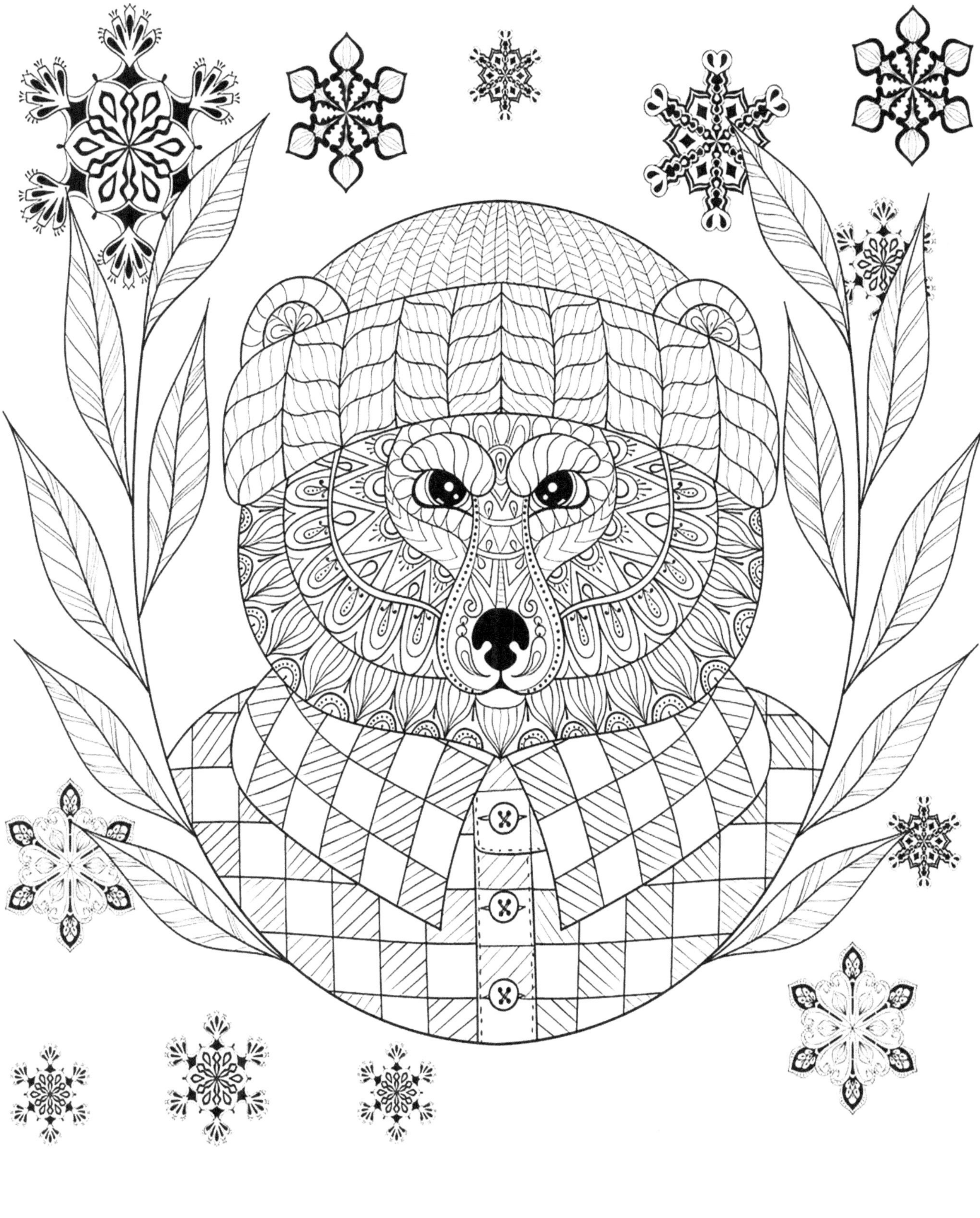

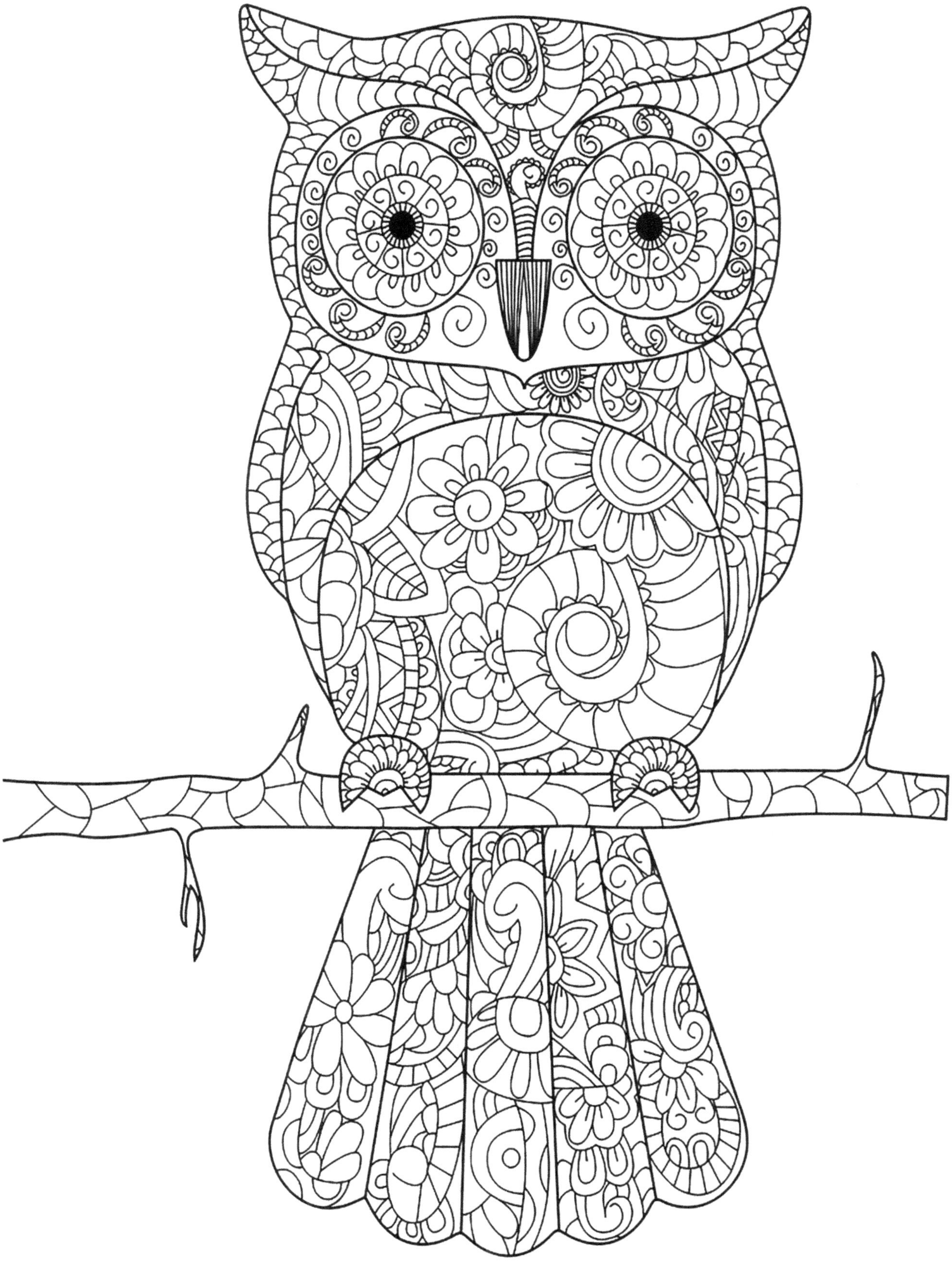

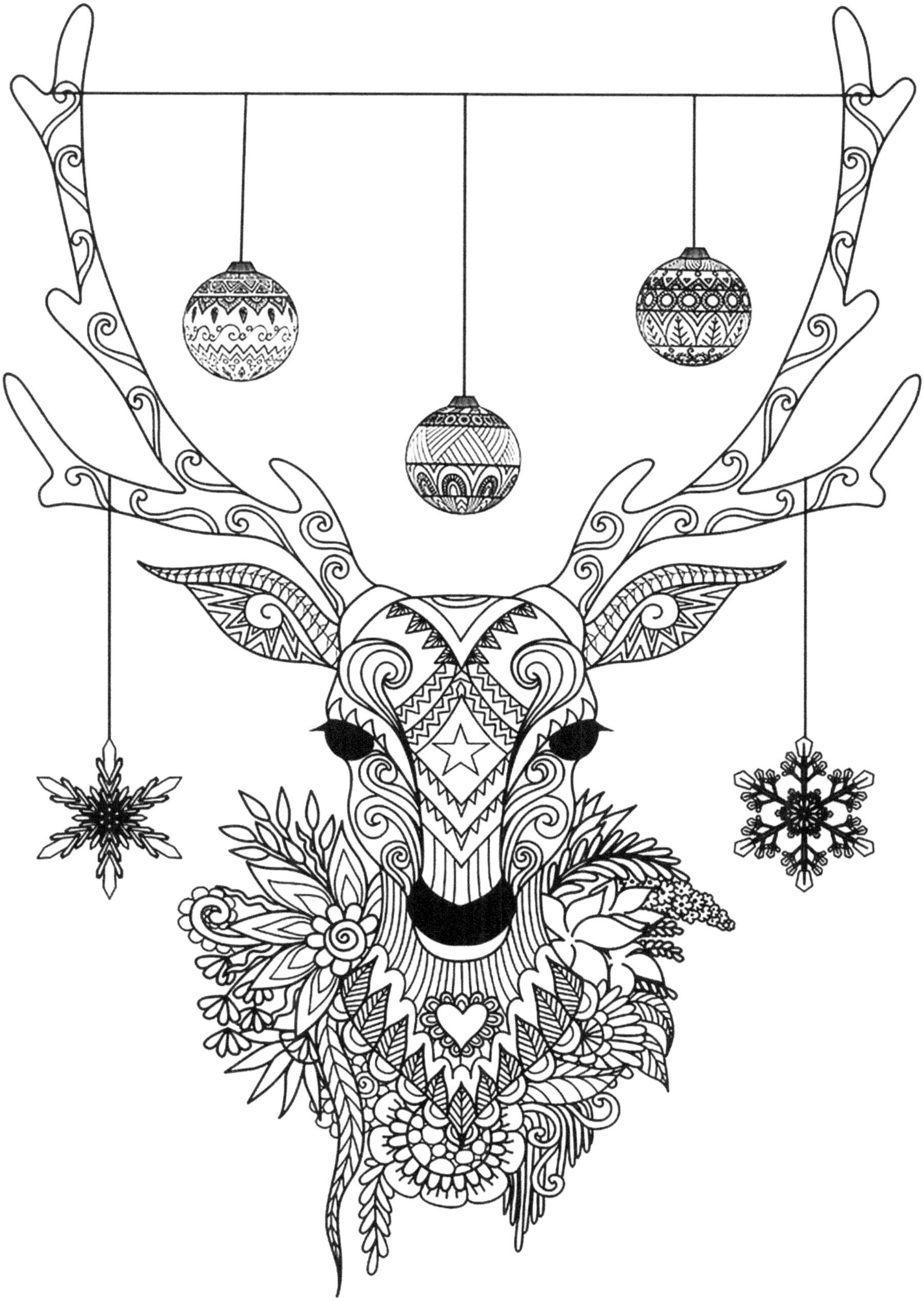

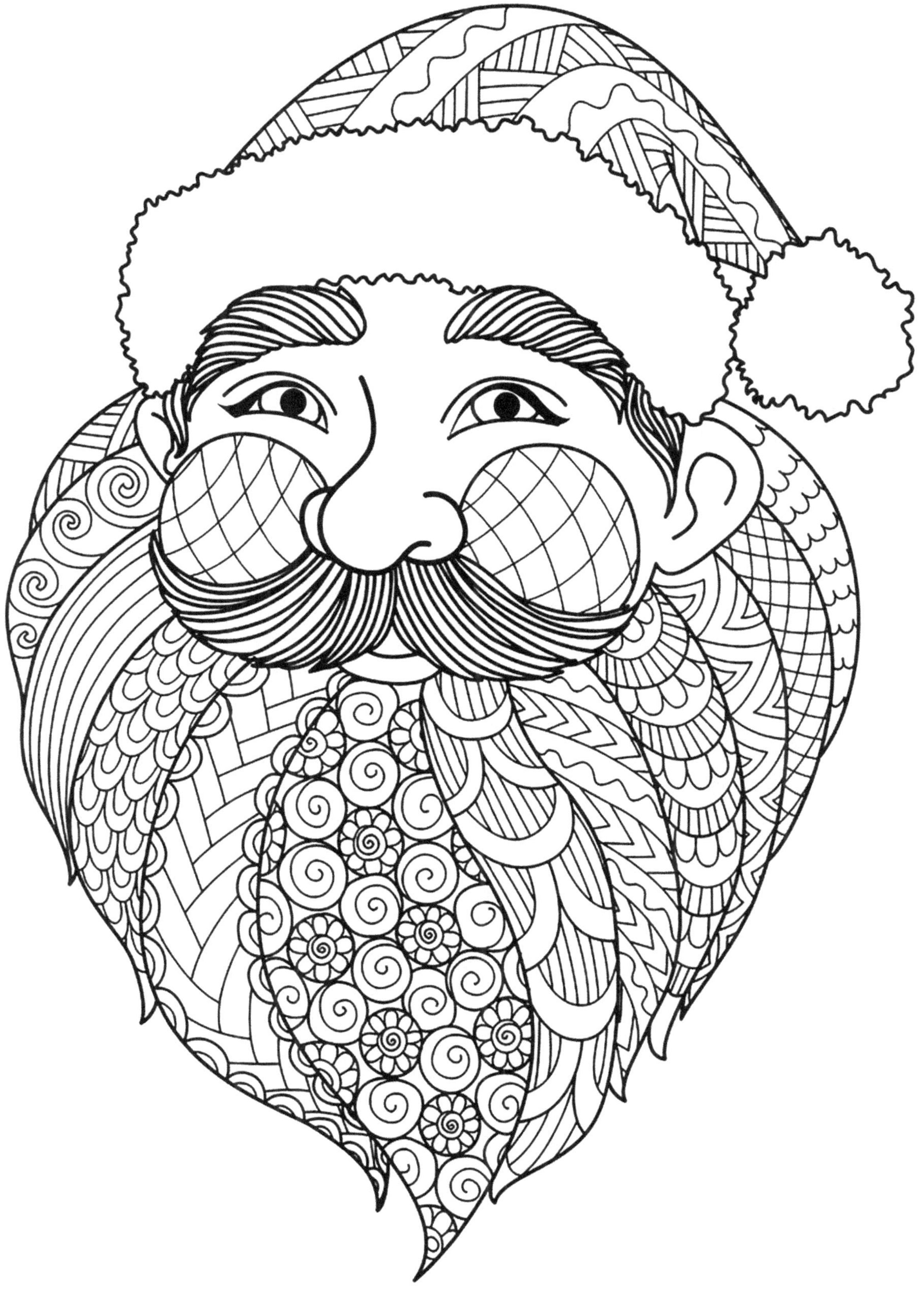

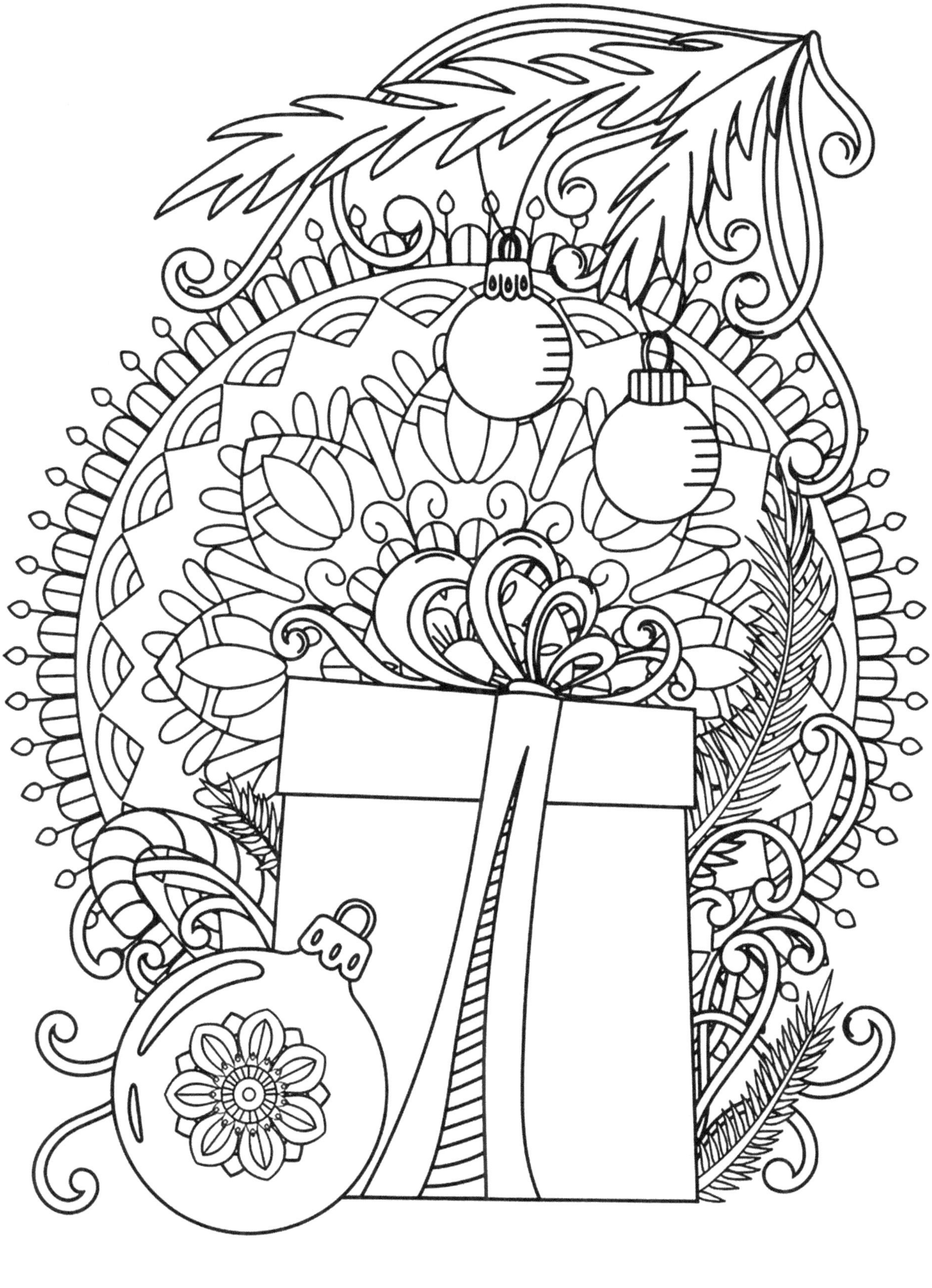

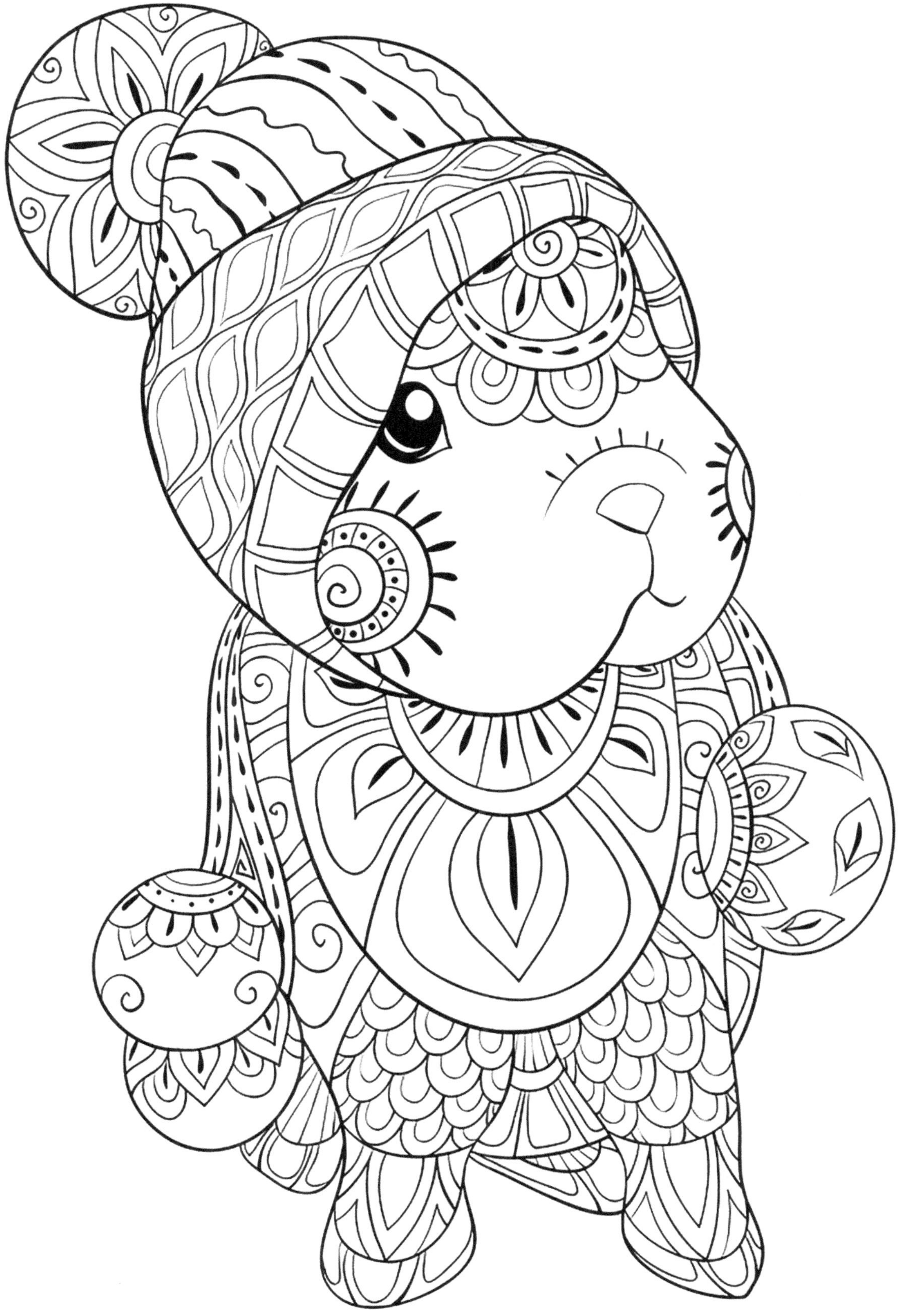

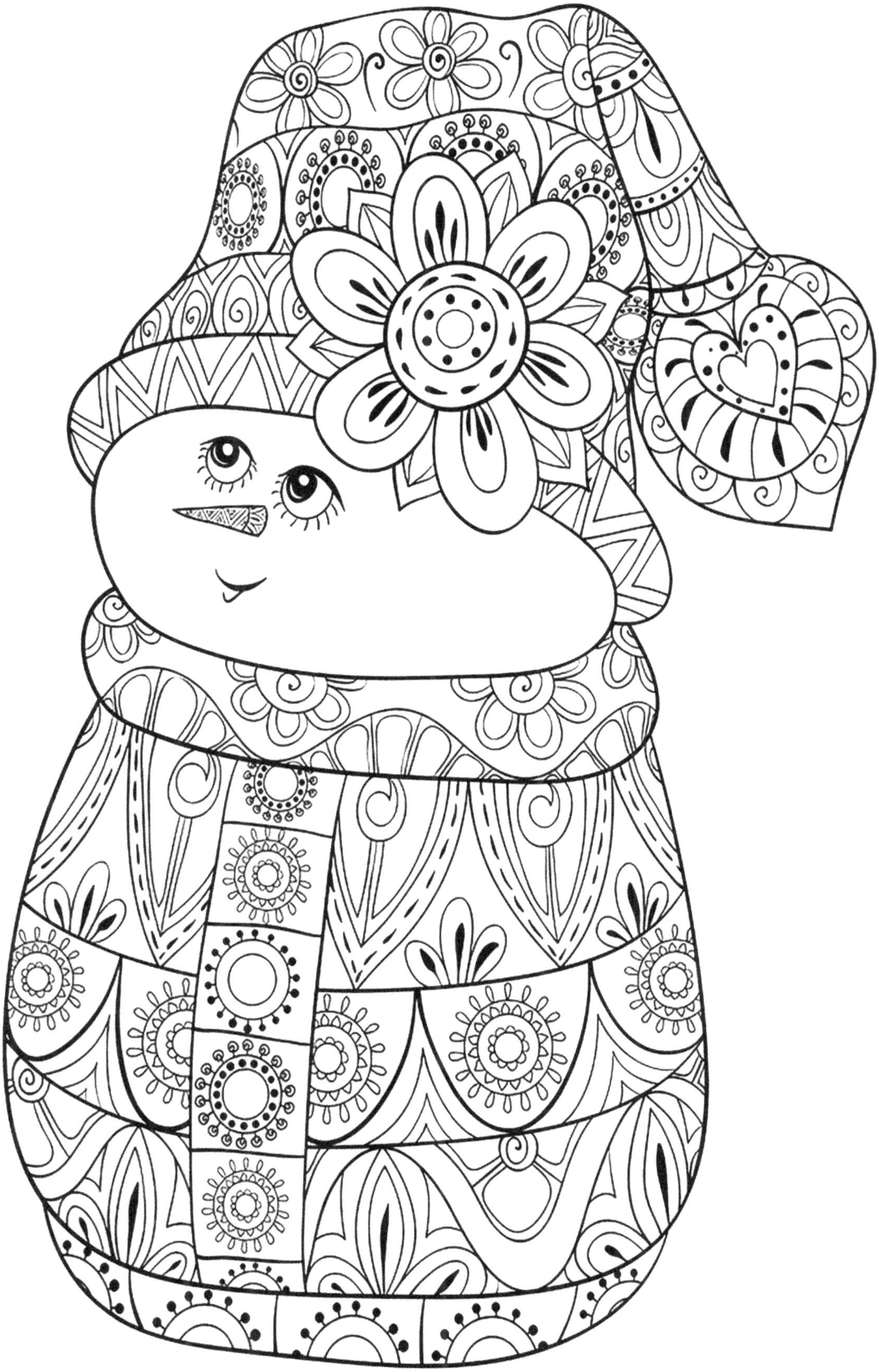

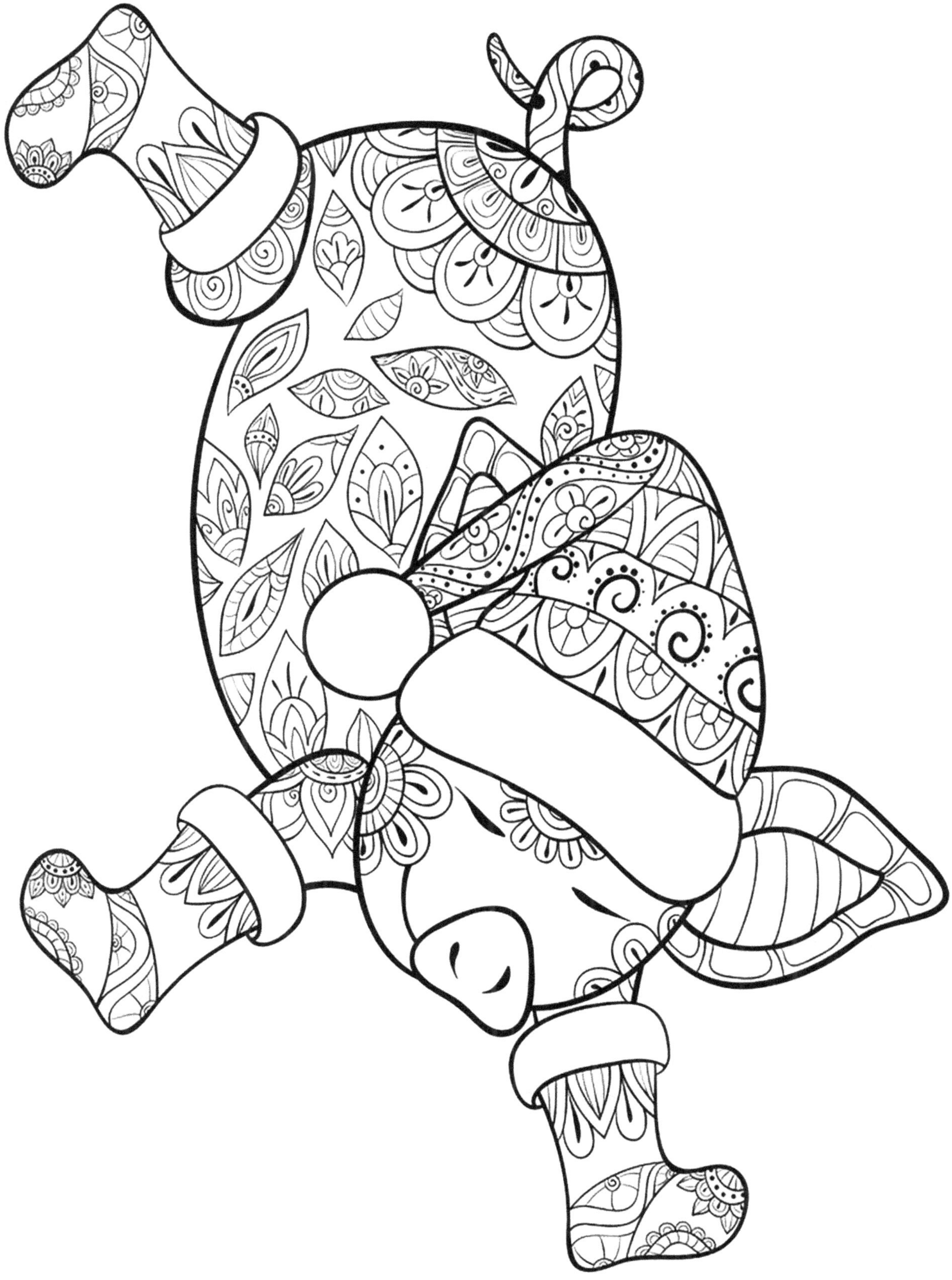

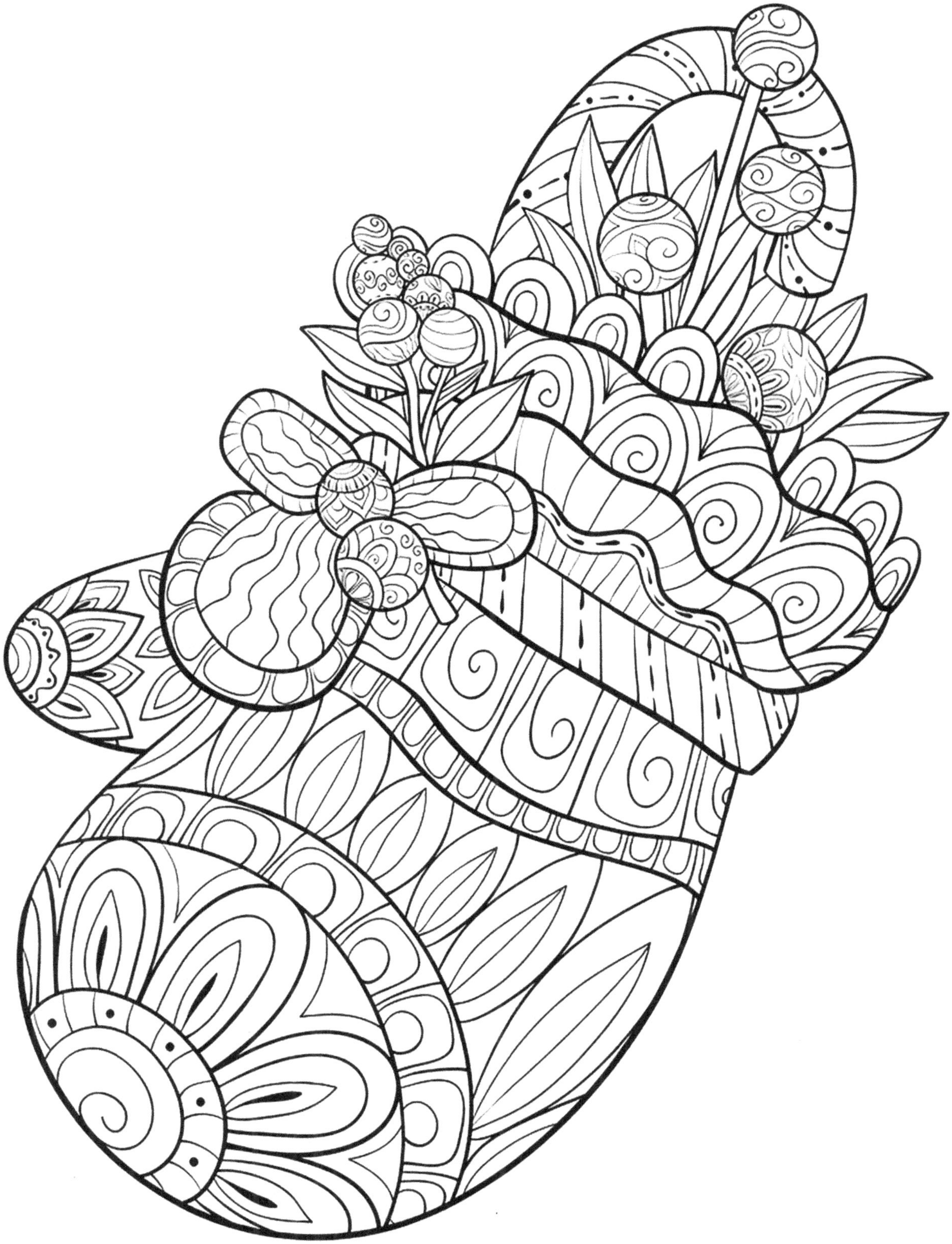

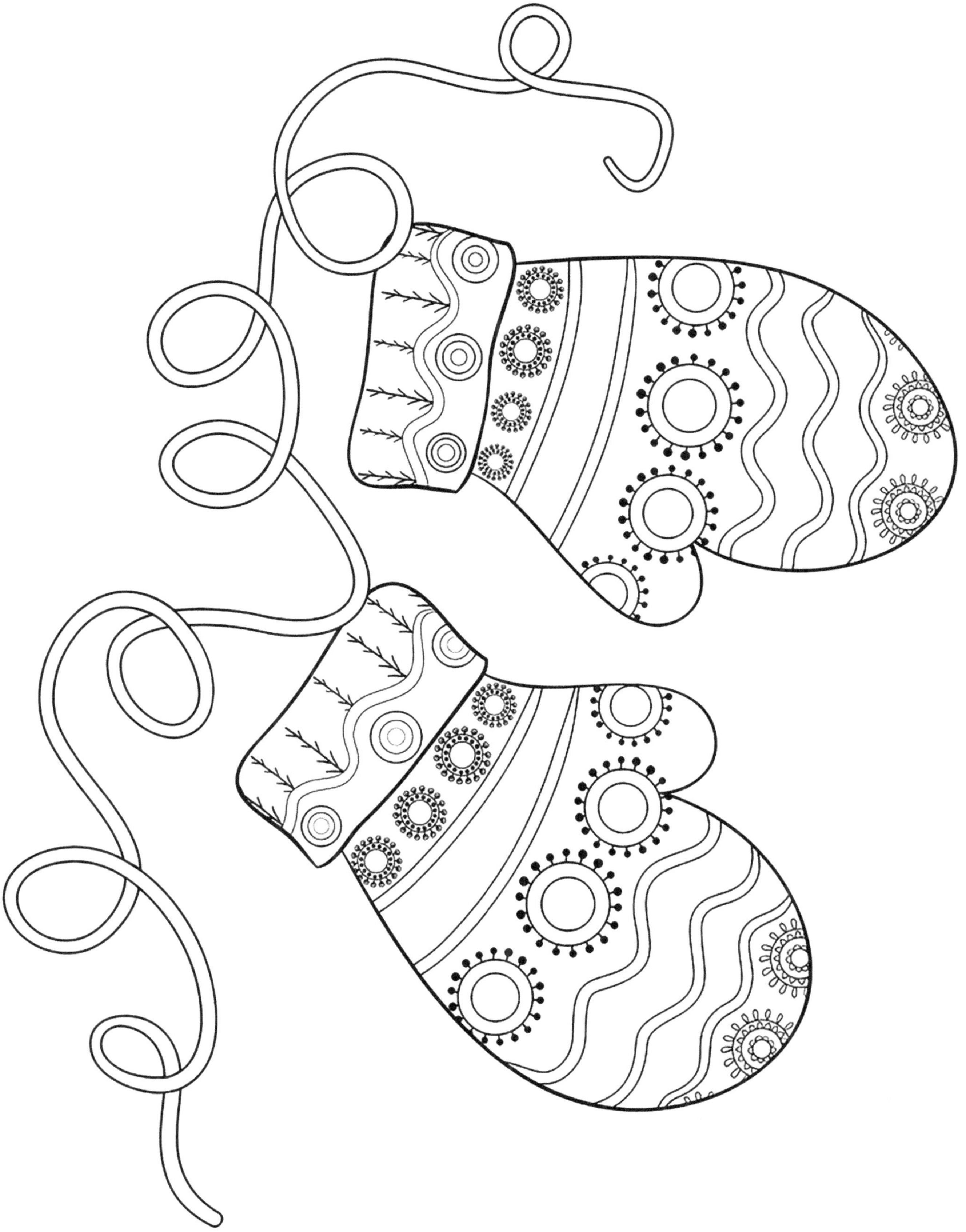

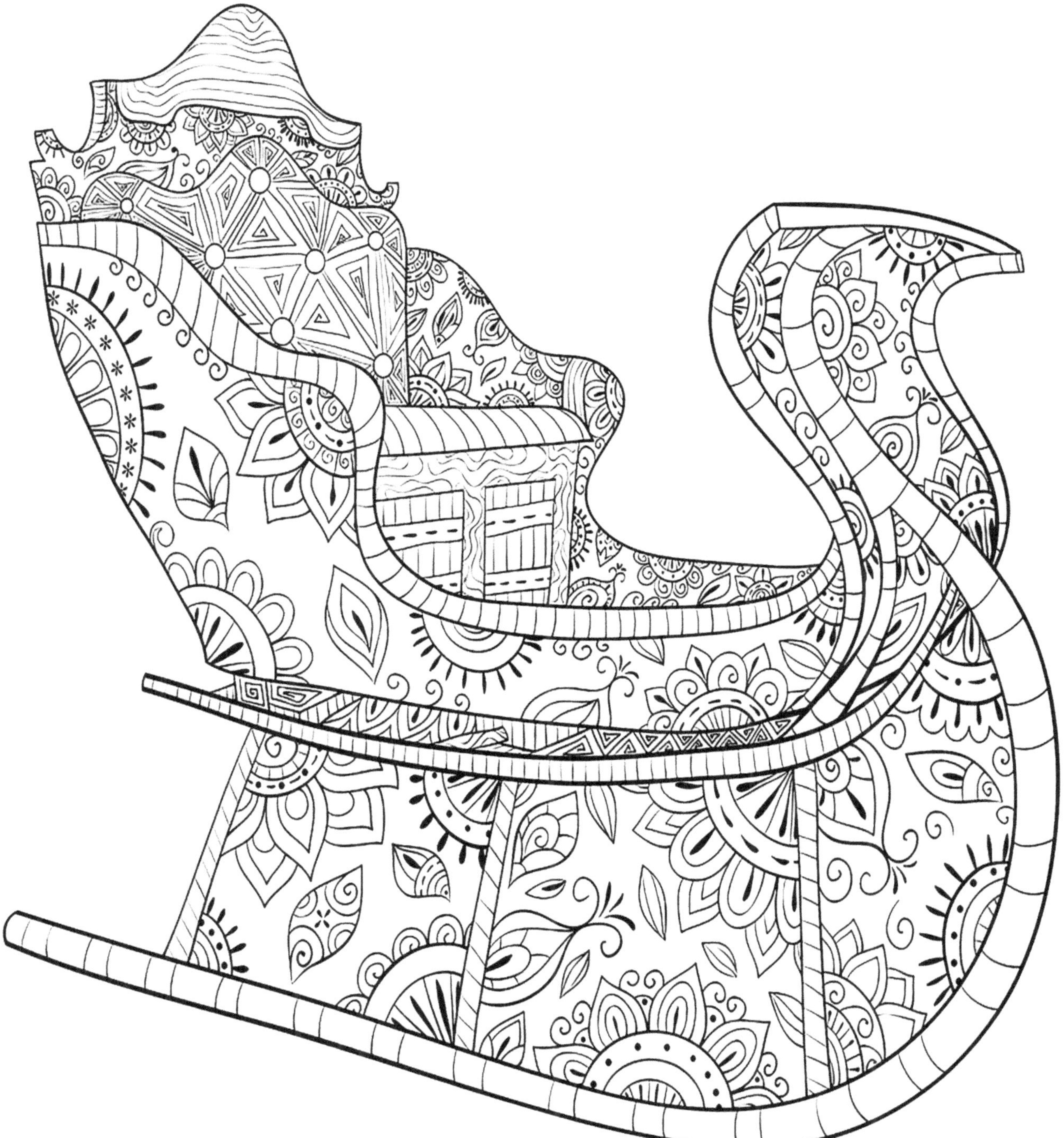

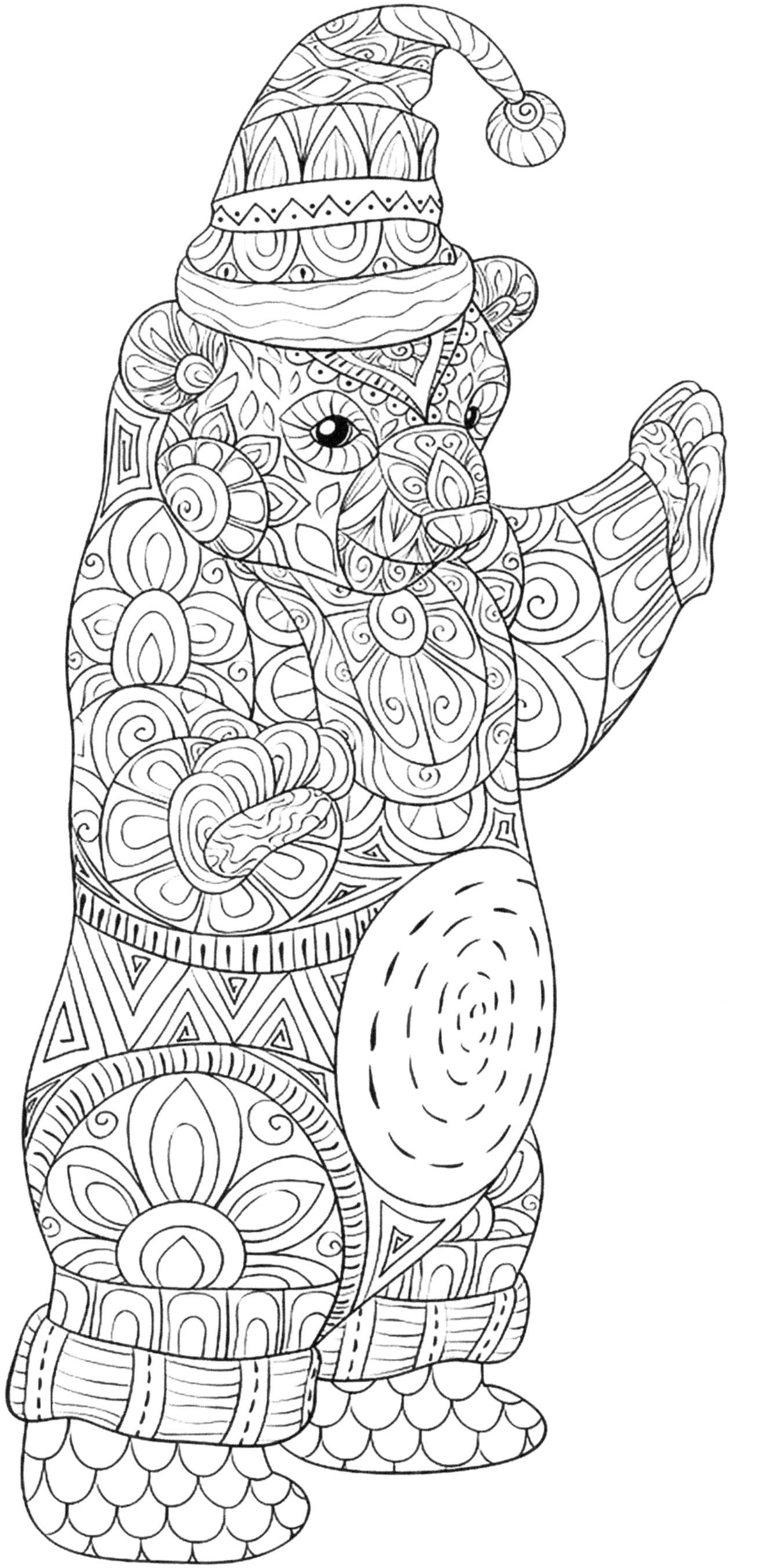

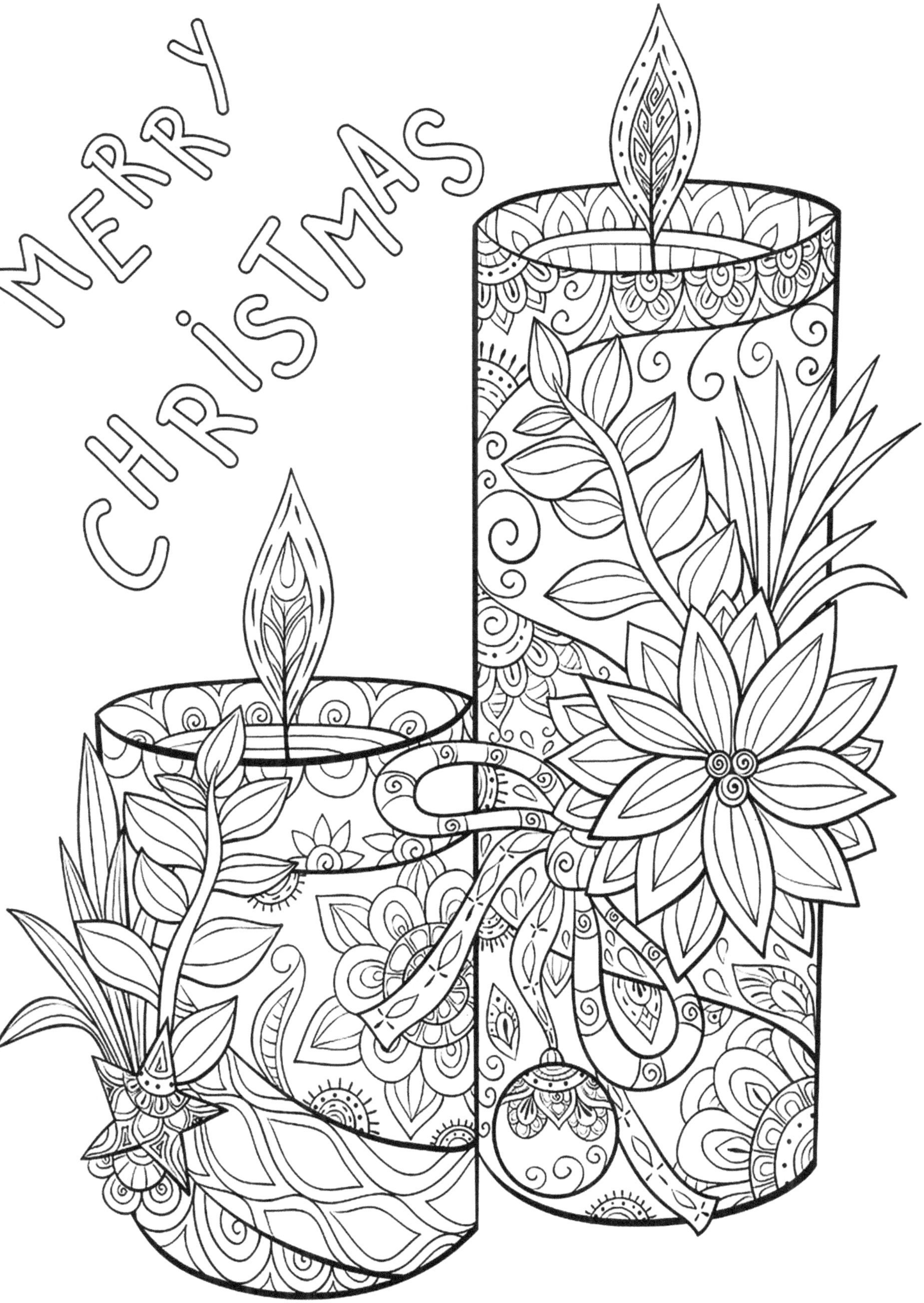
MERRY
CHRISTMAS

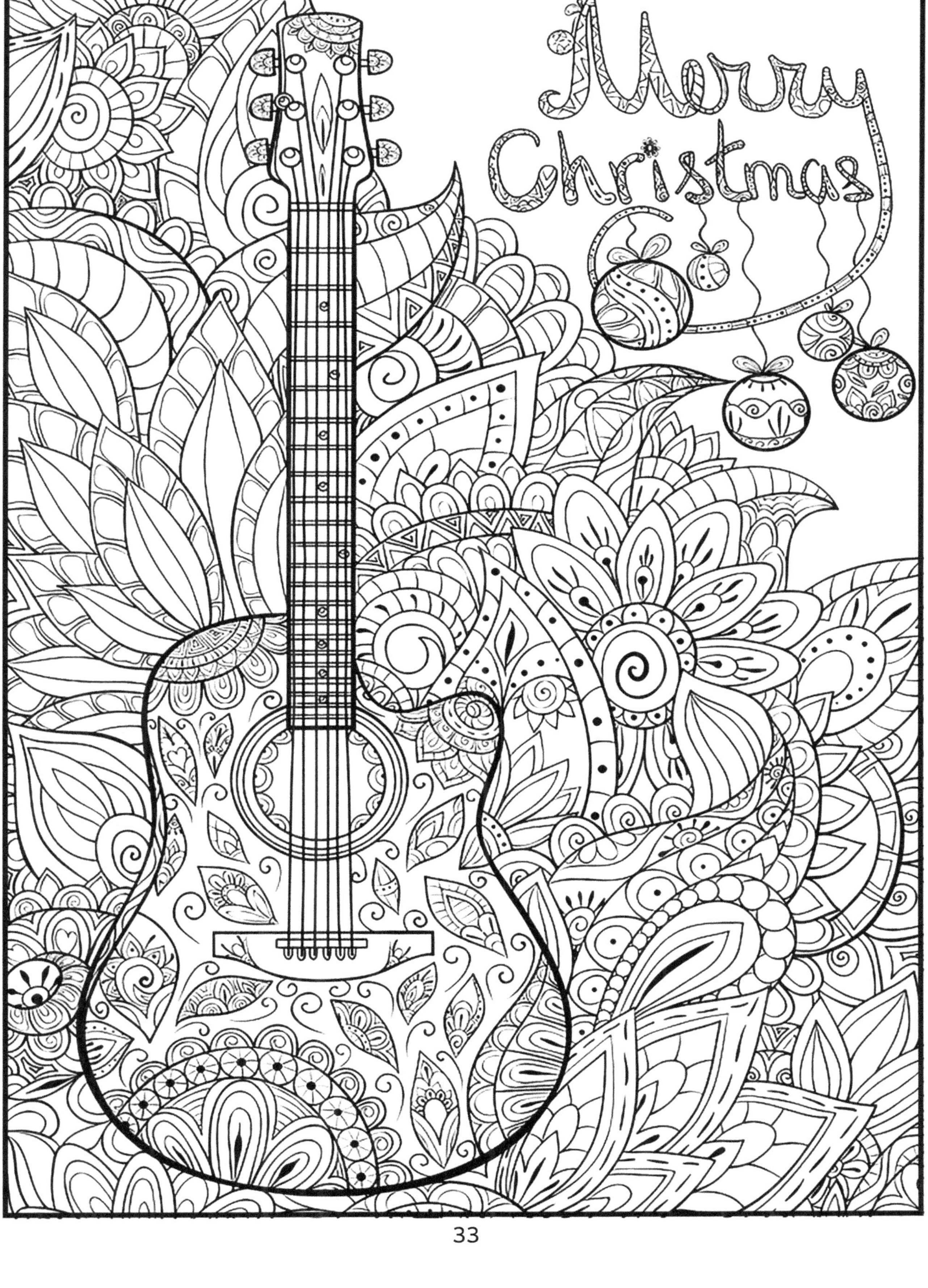
Merry
Christmas

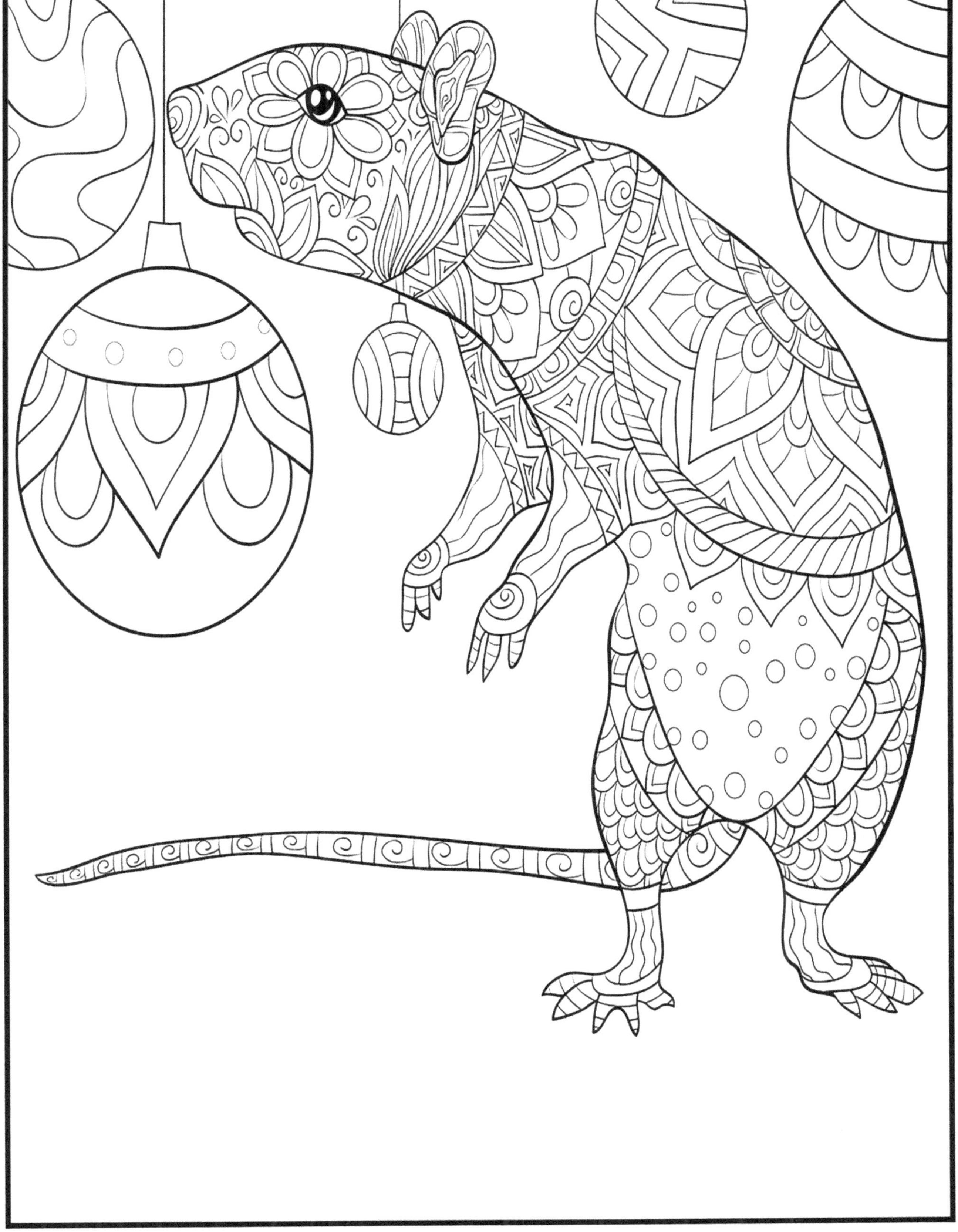

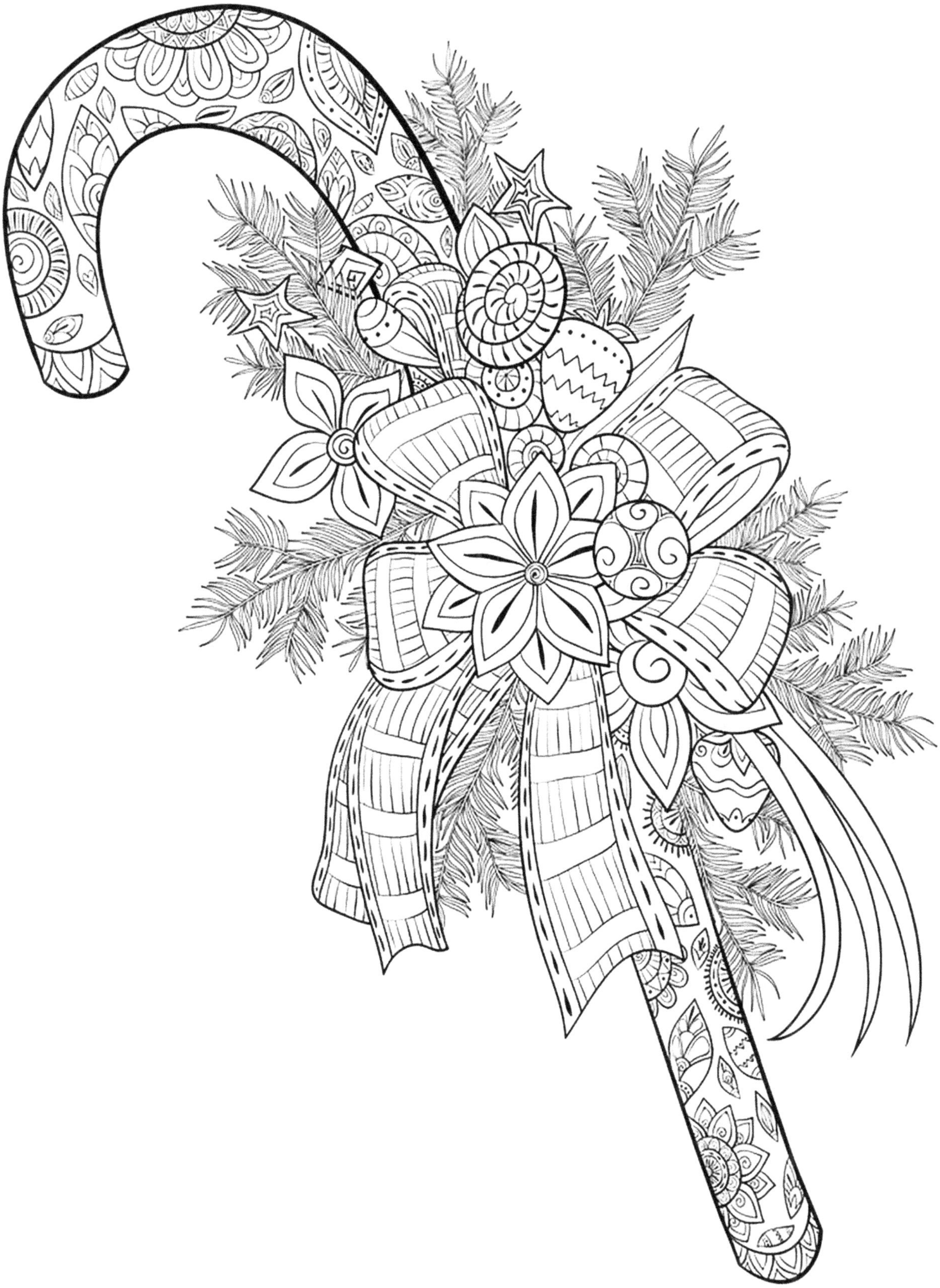

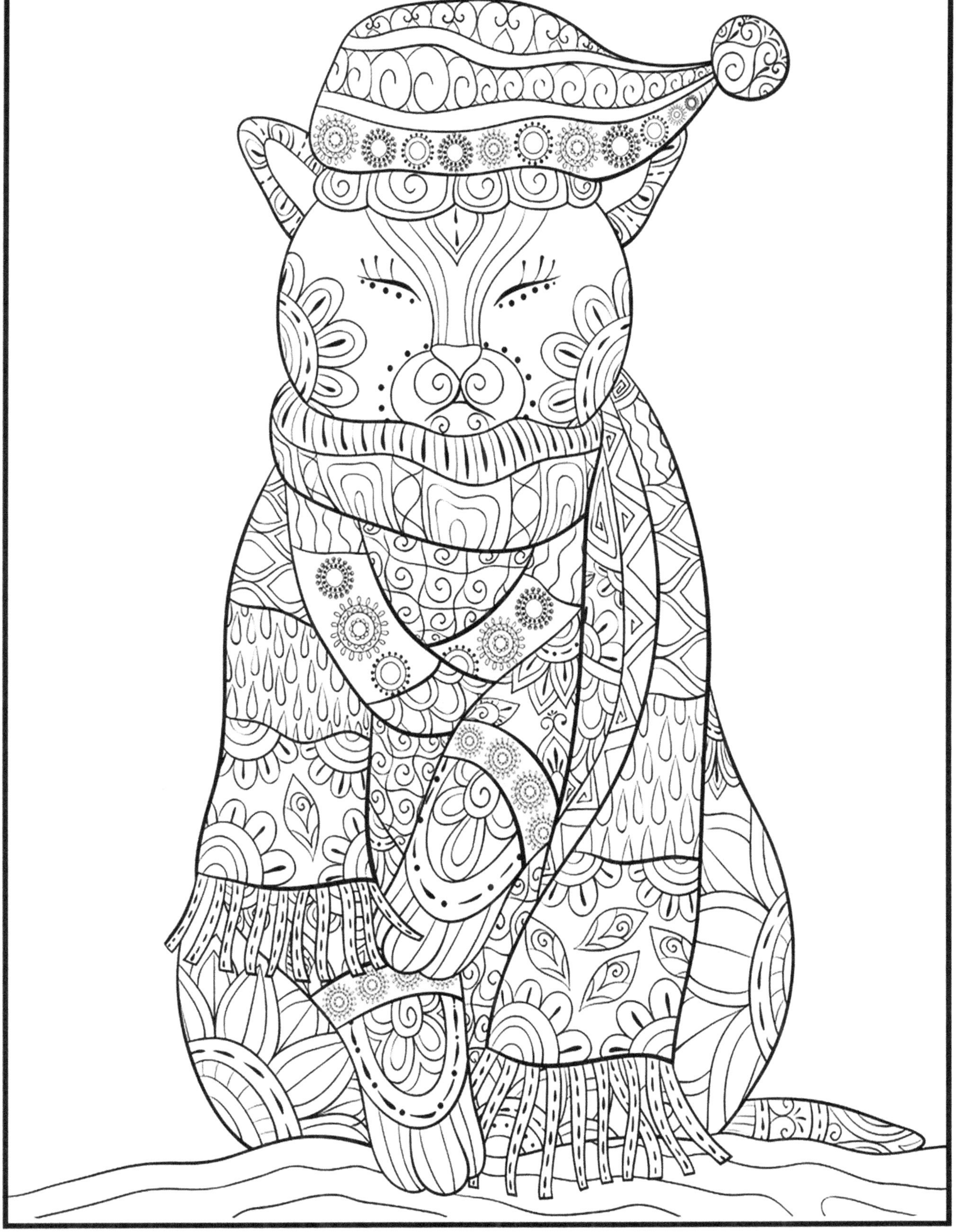

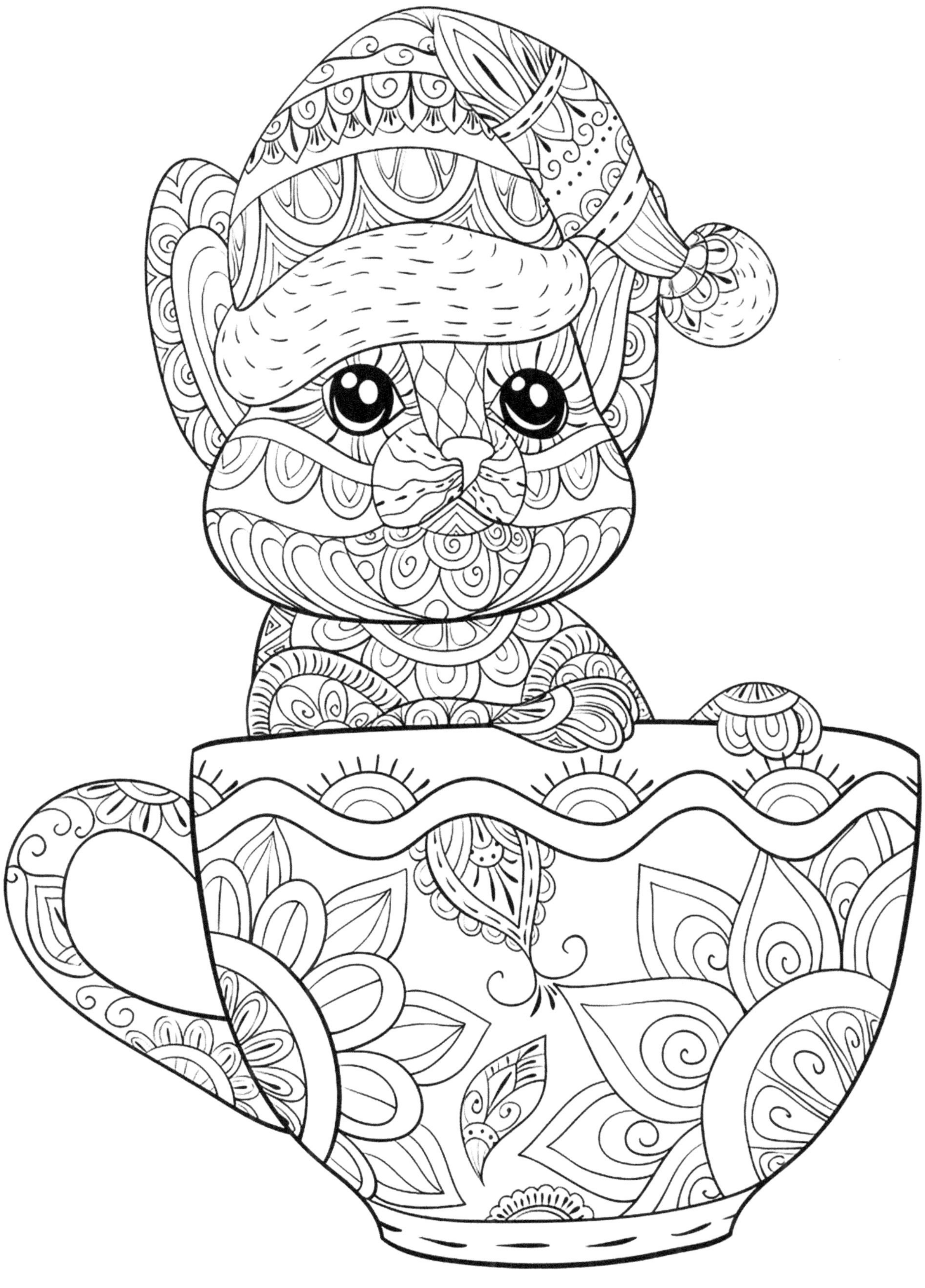

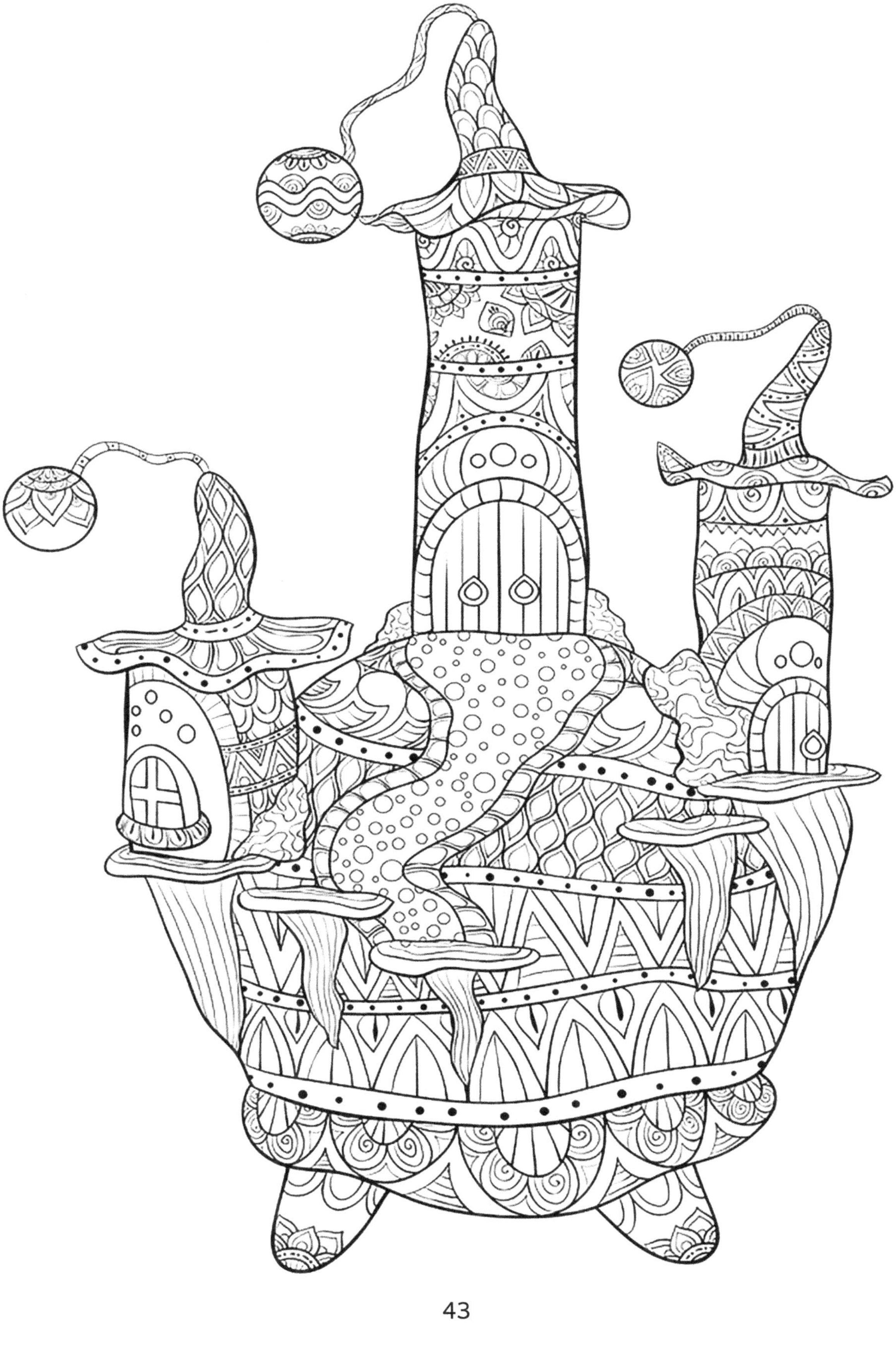

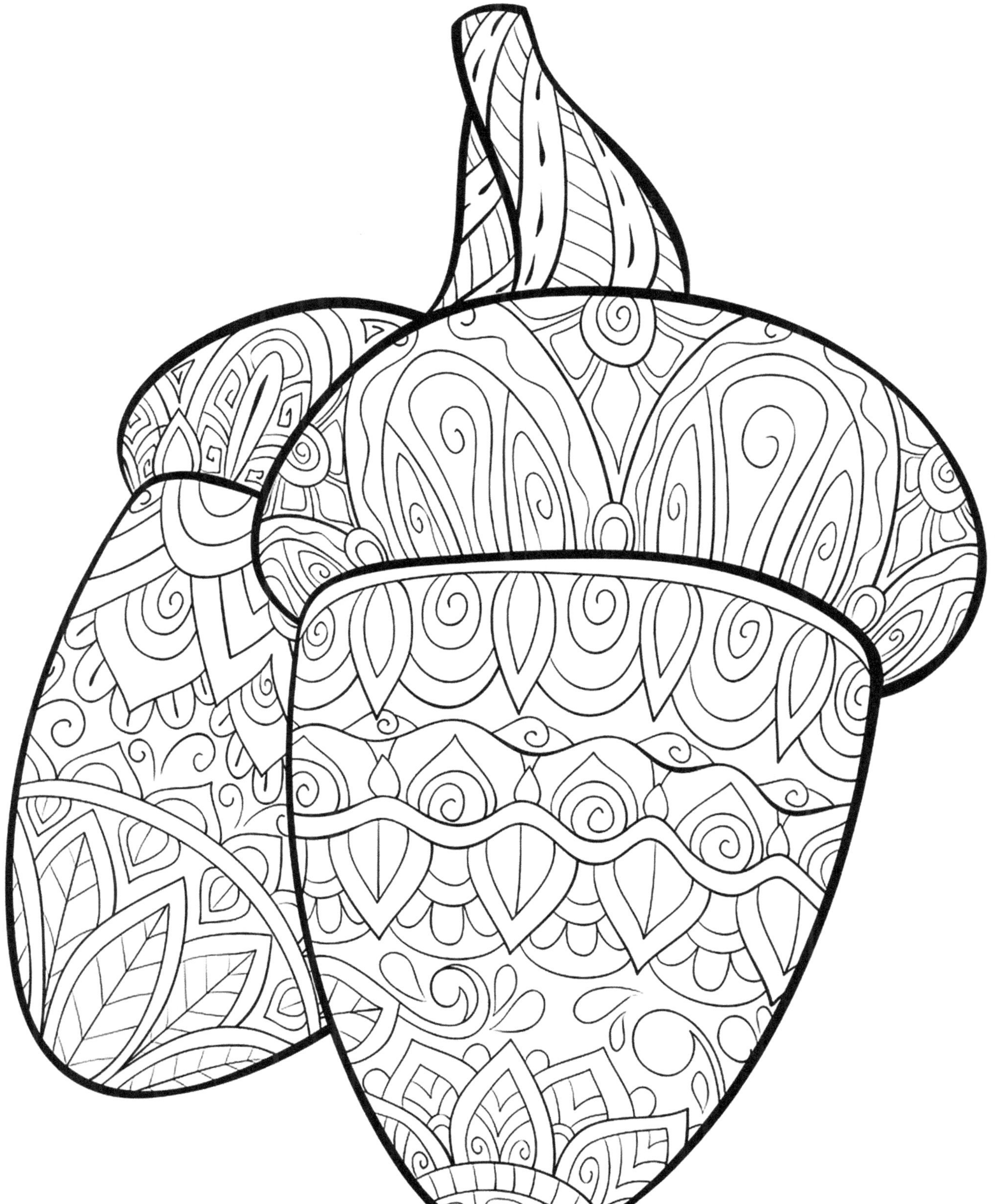

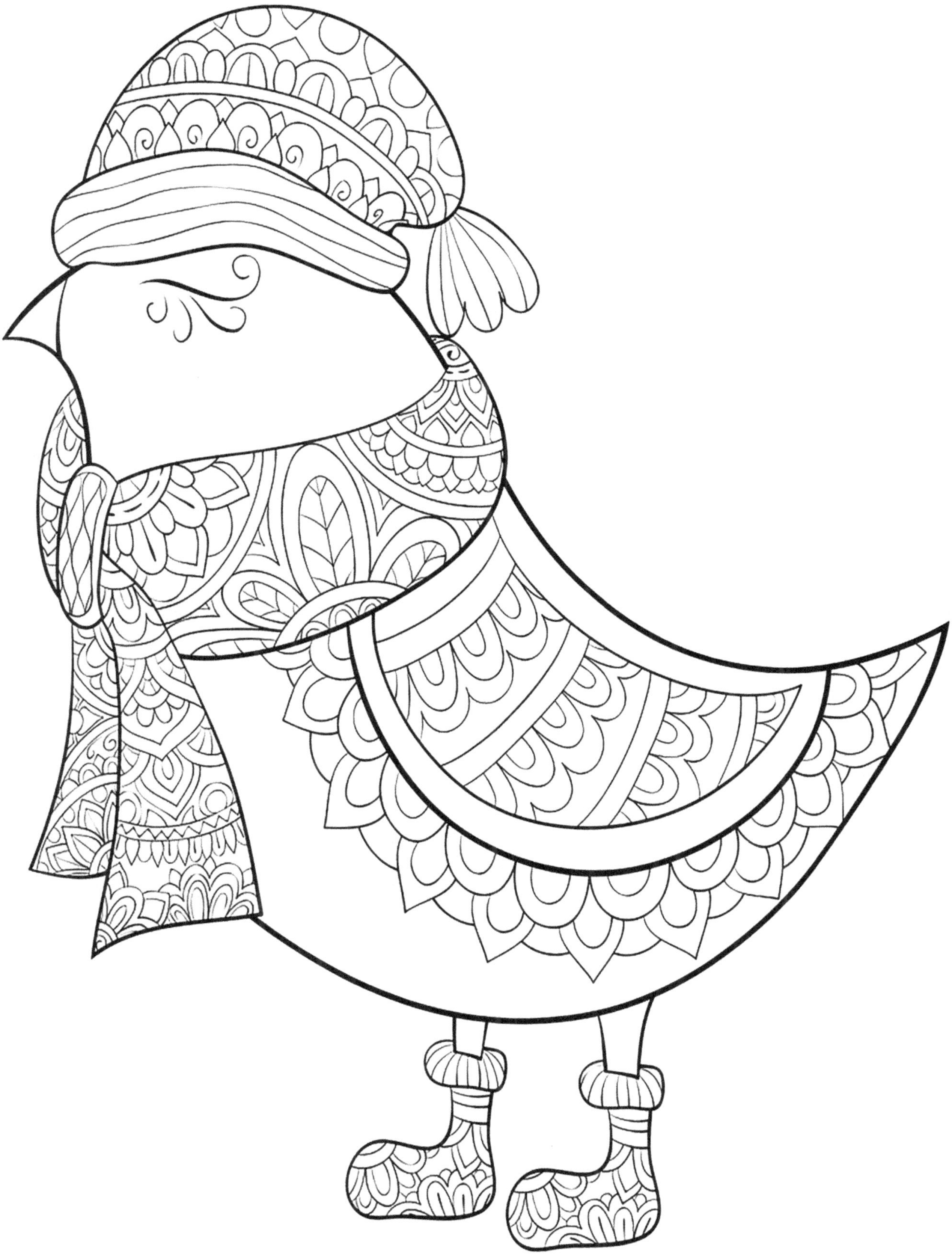

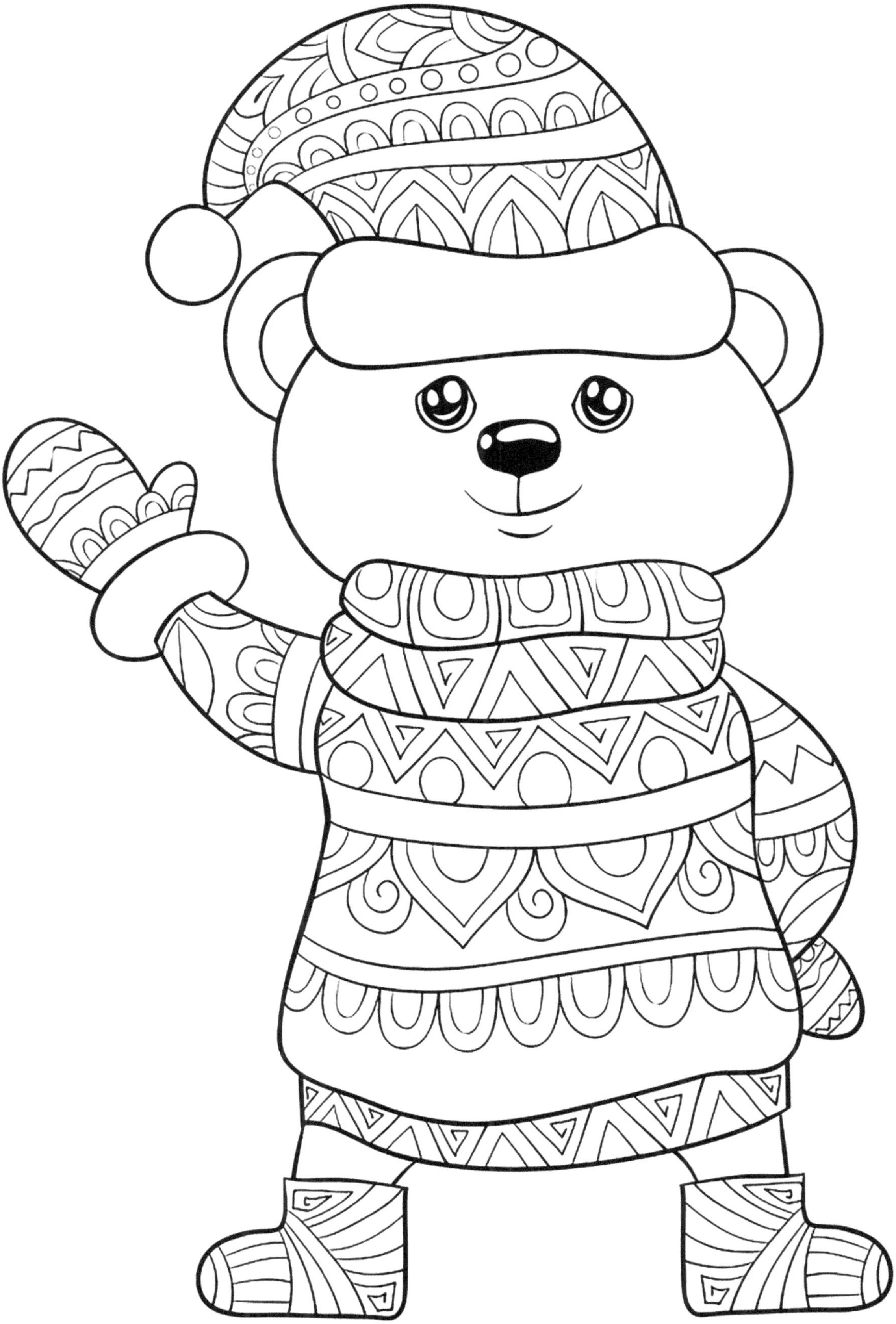

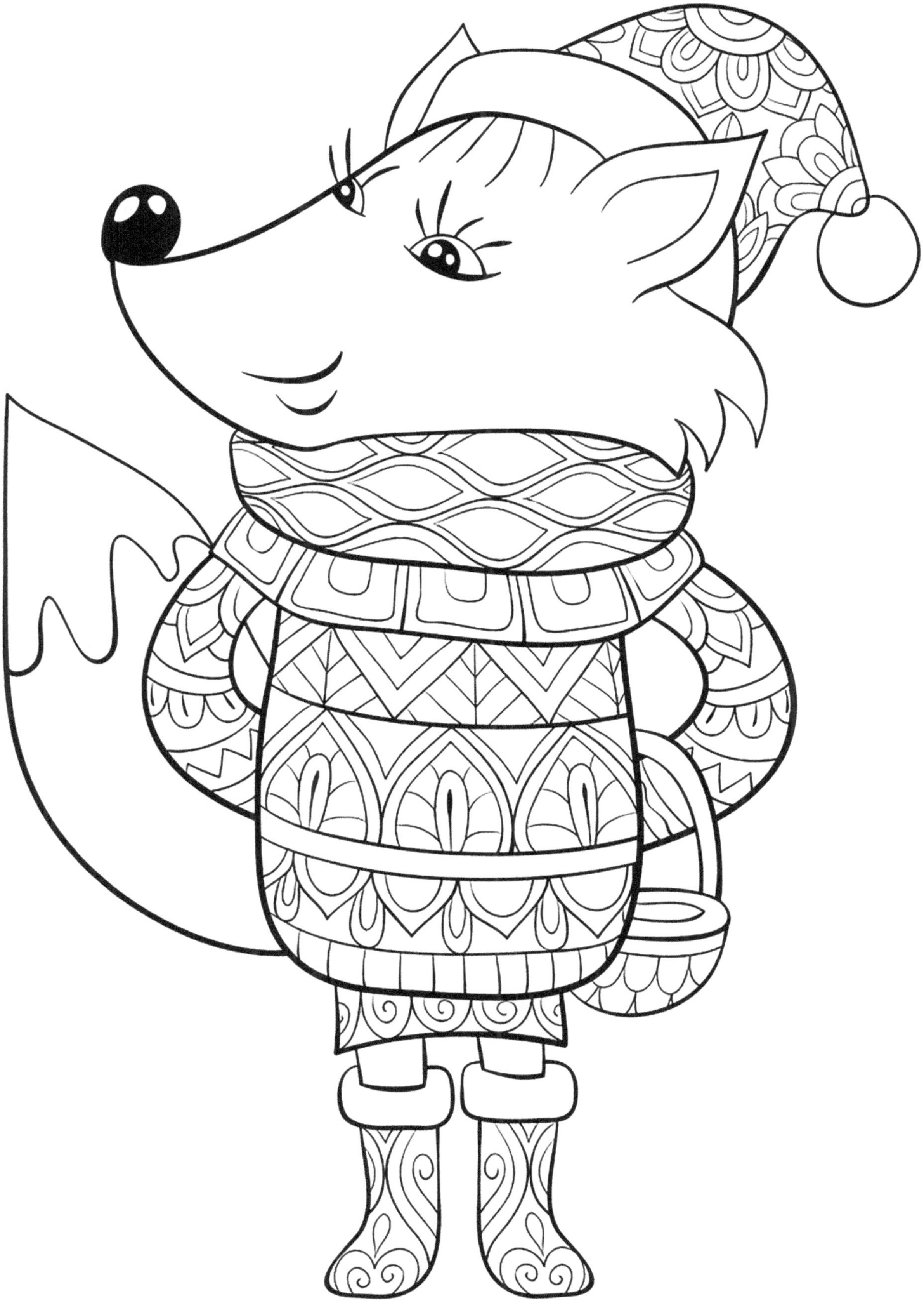

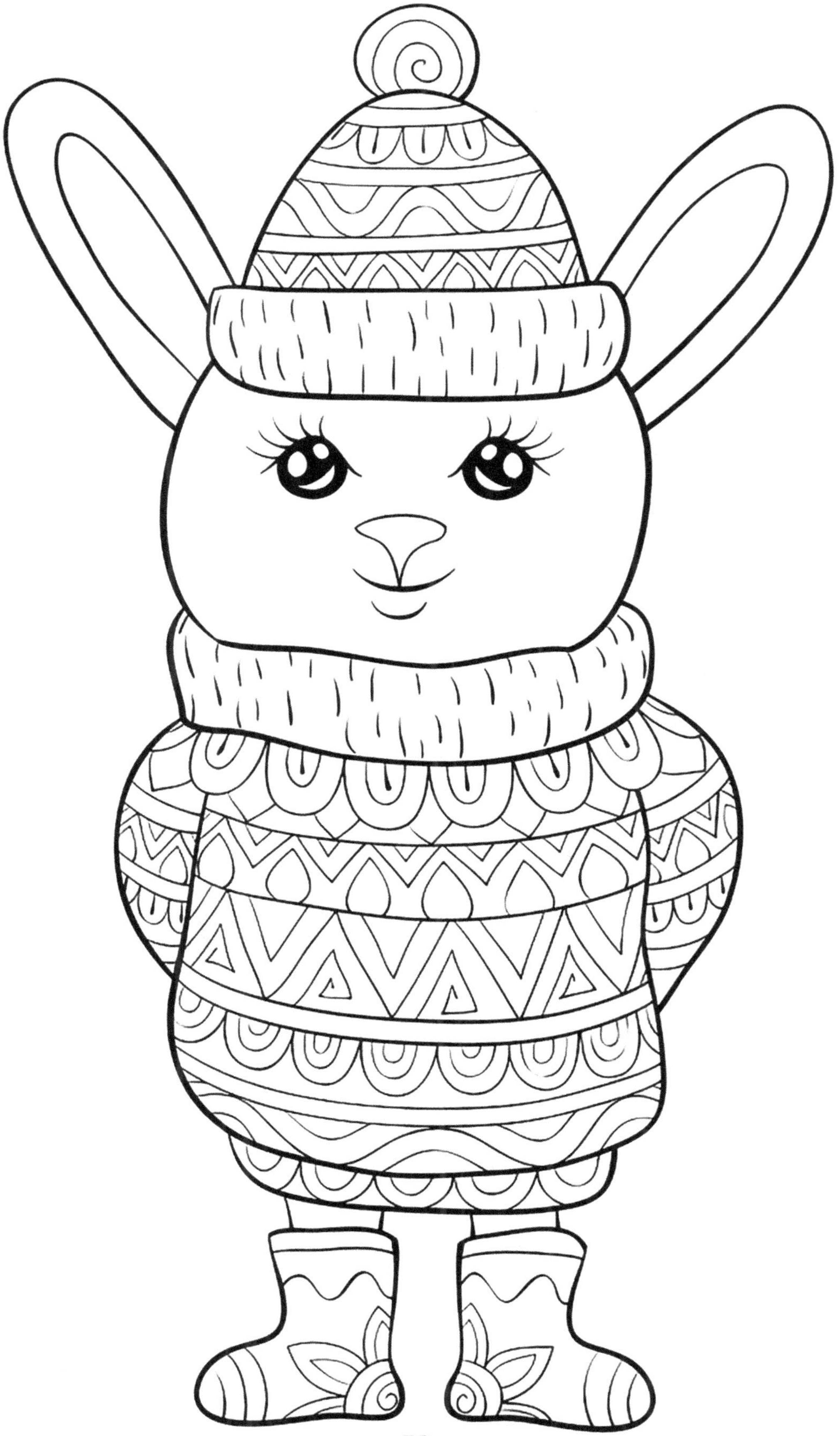

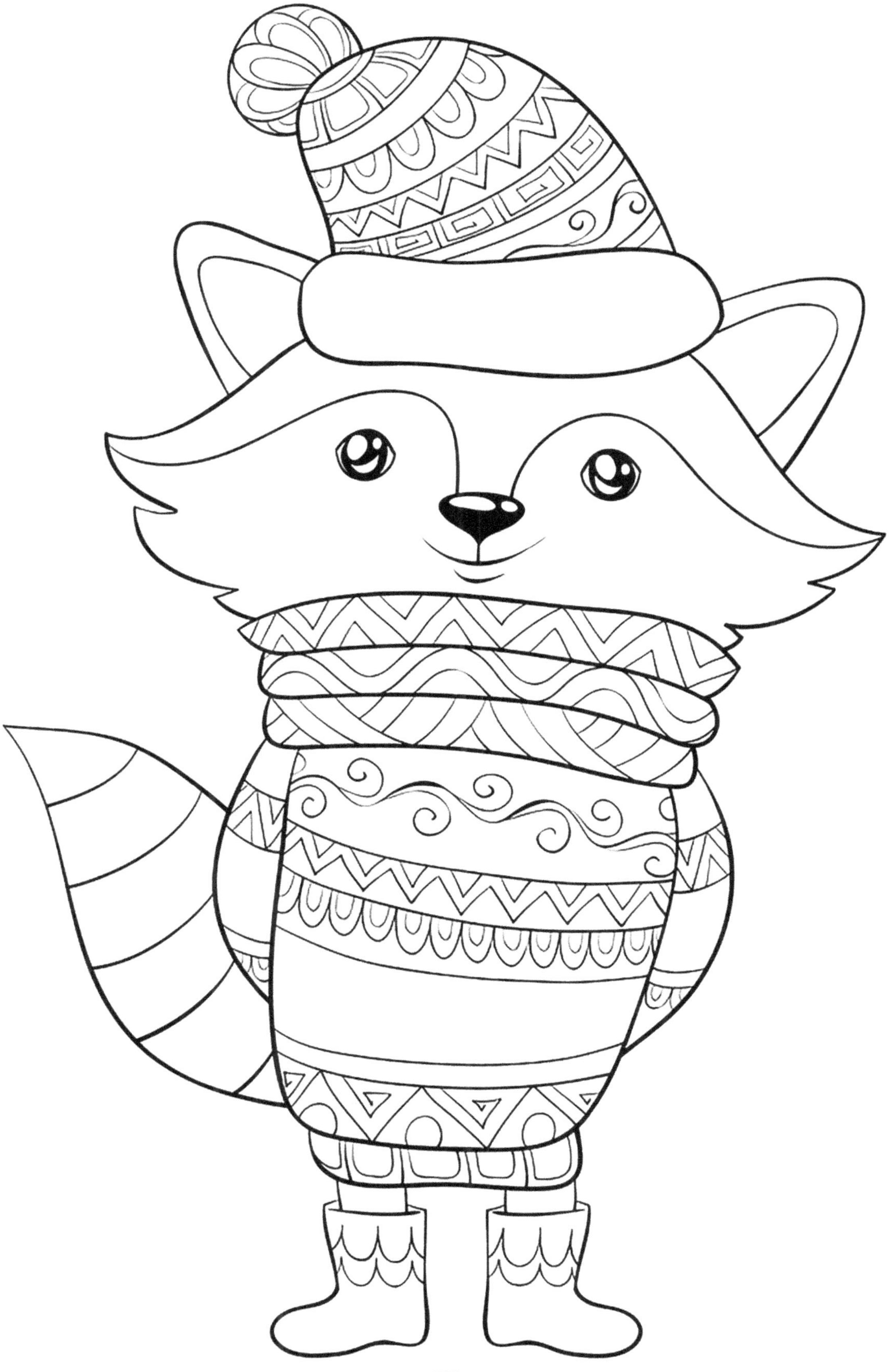

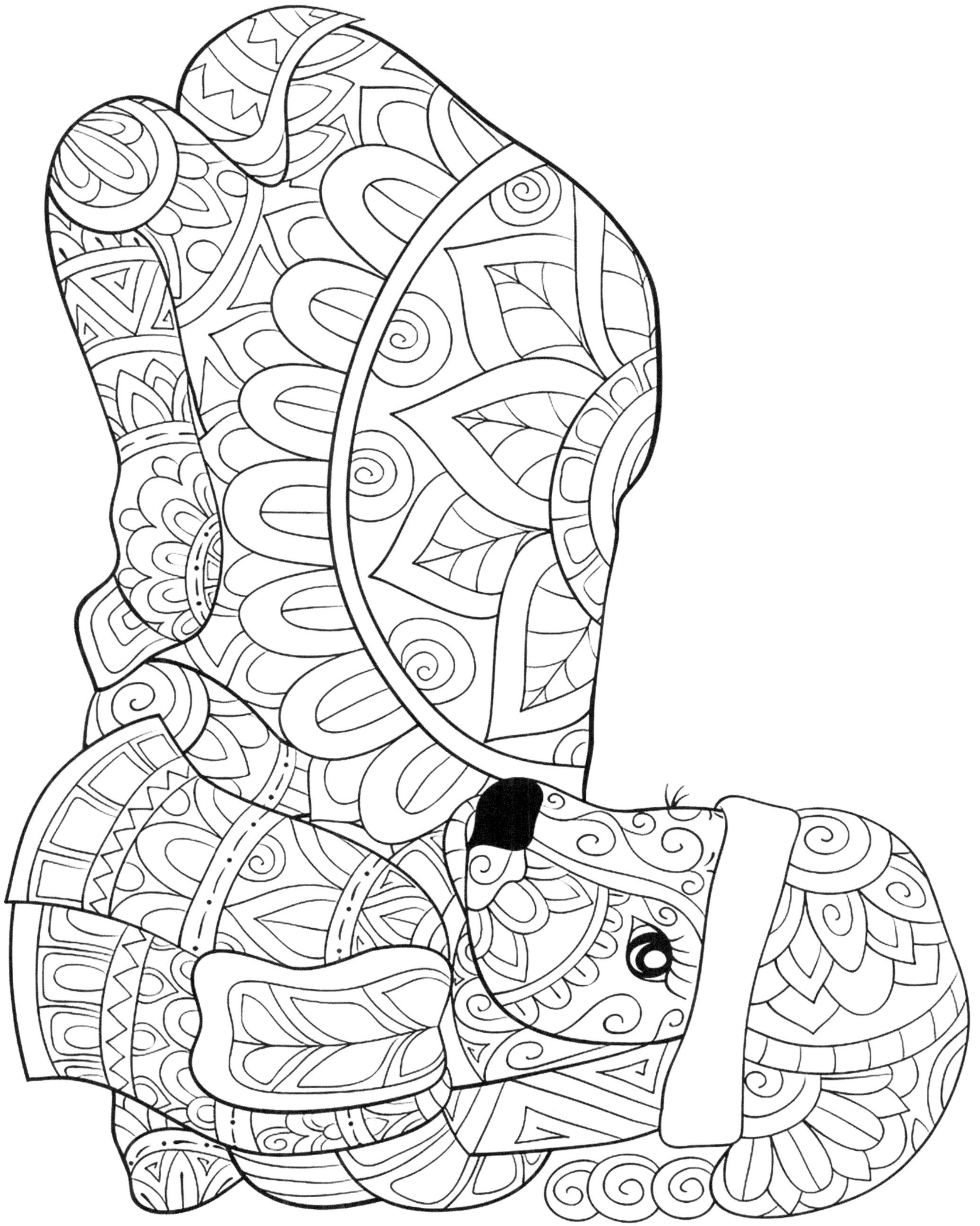

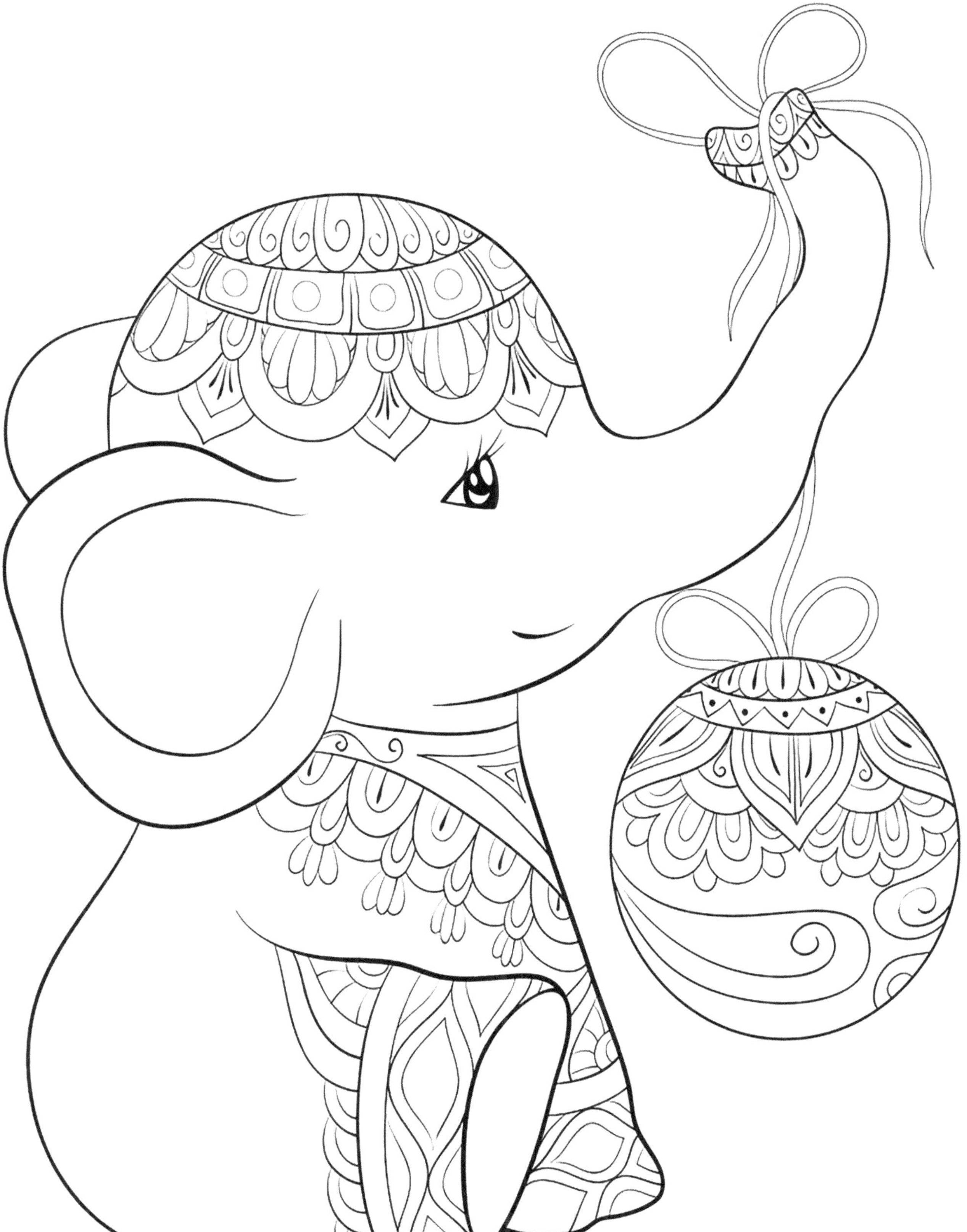

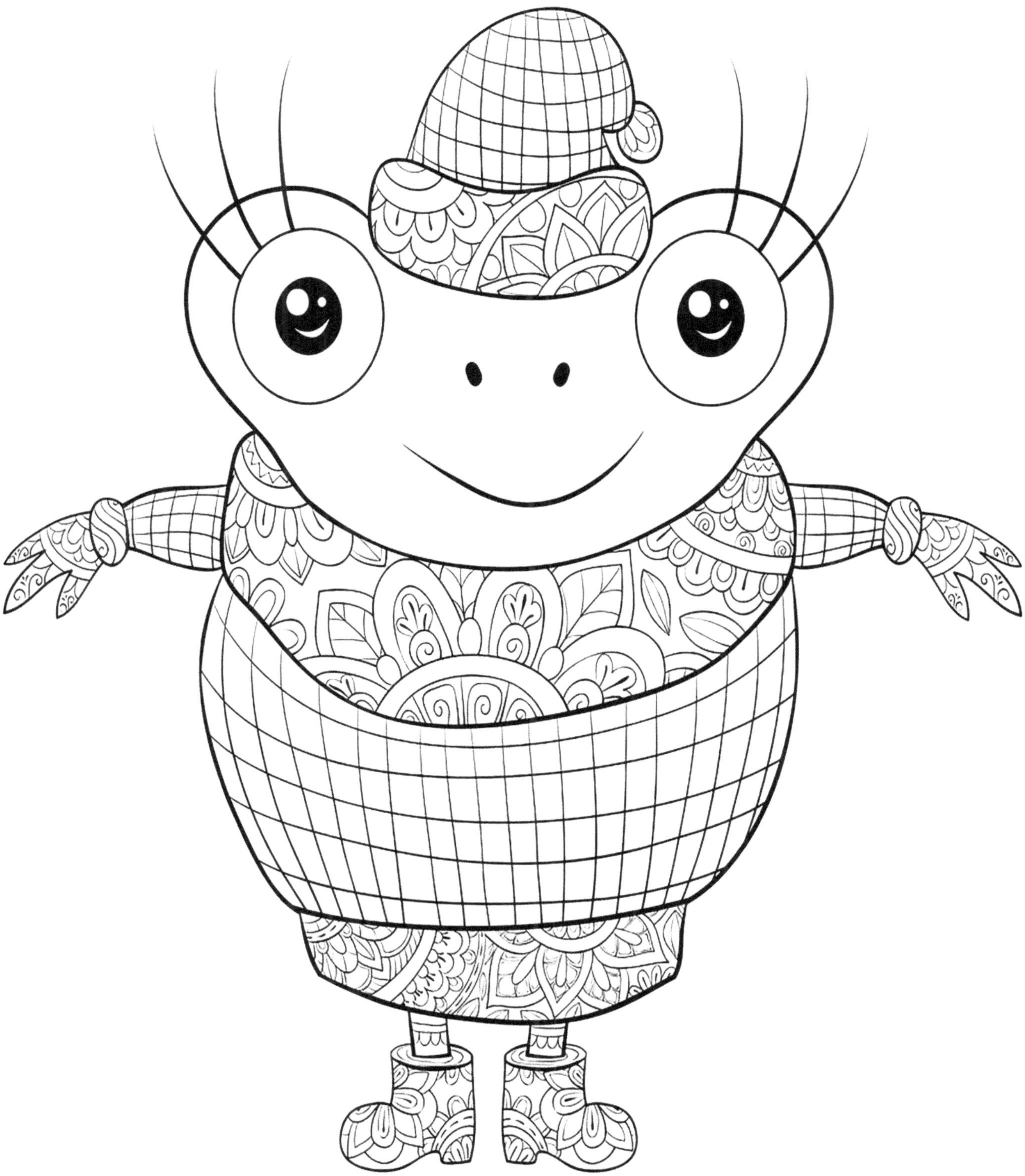

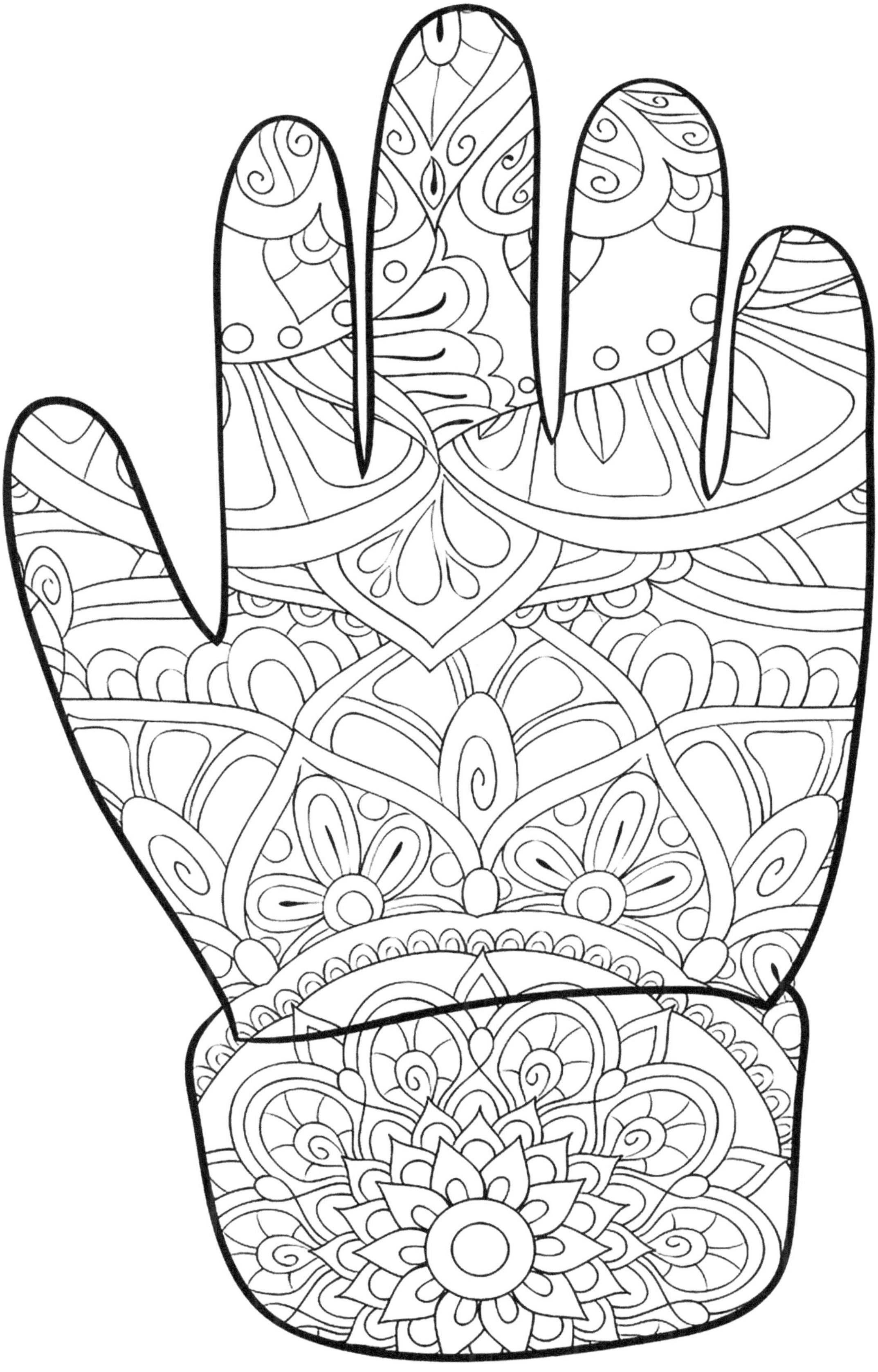

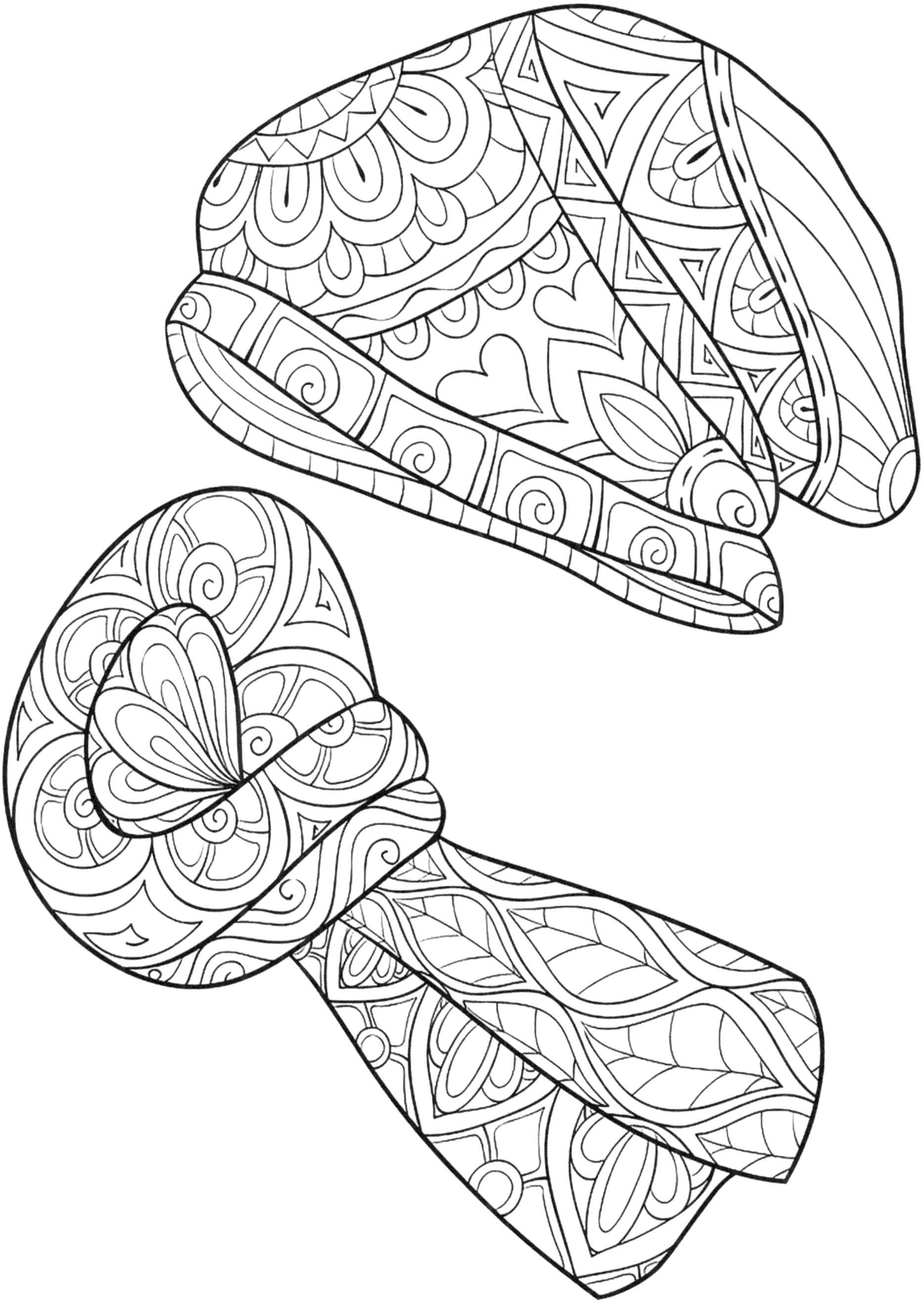

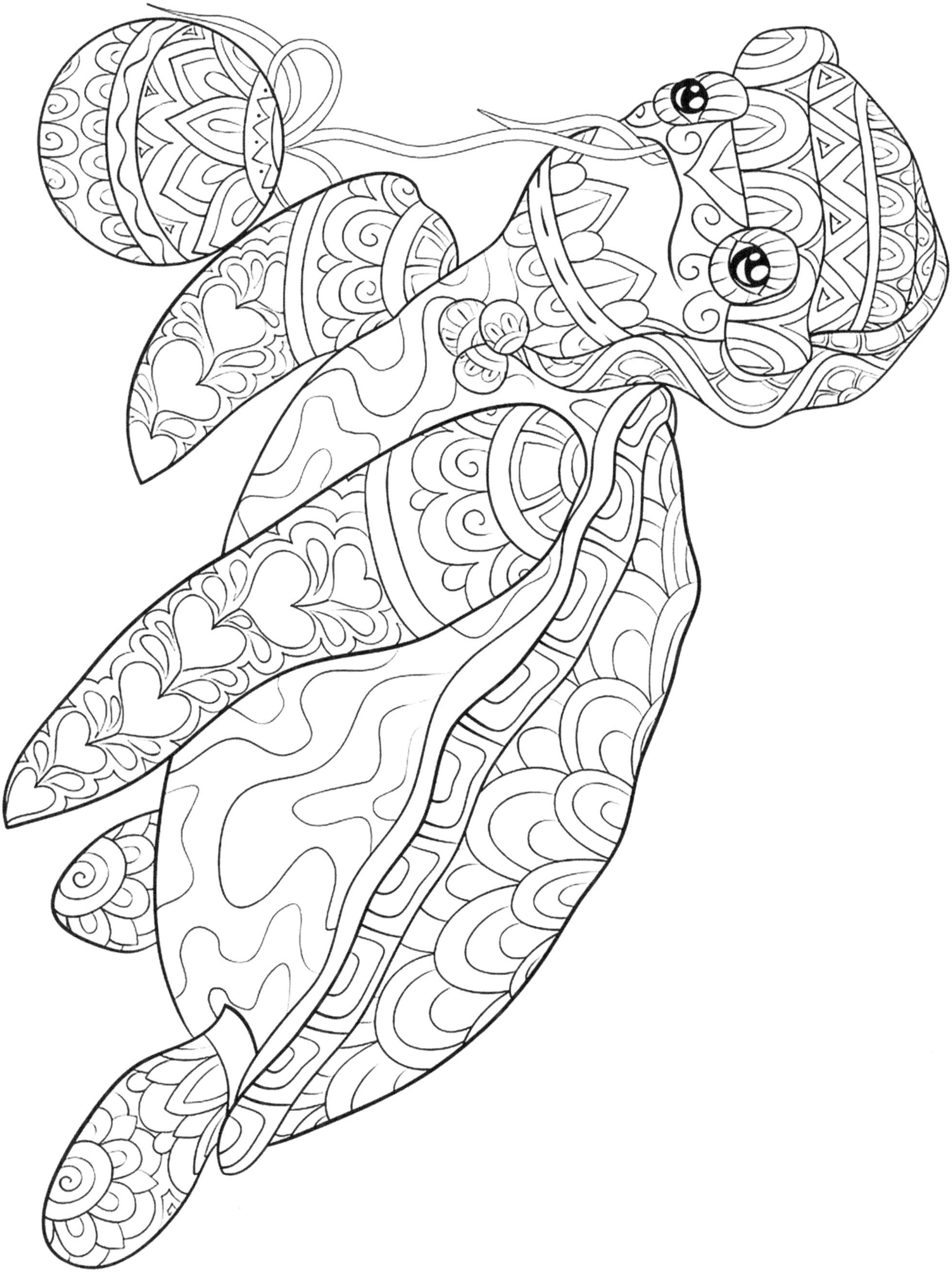

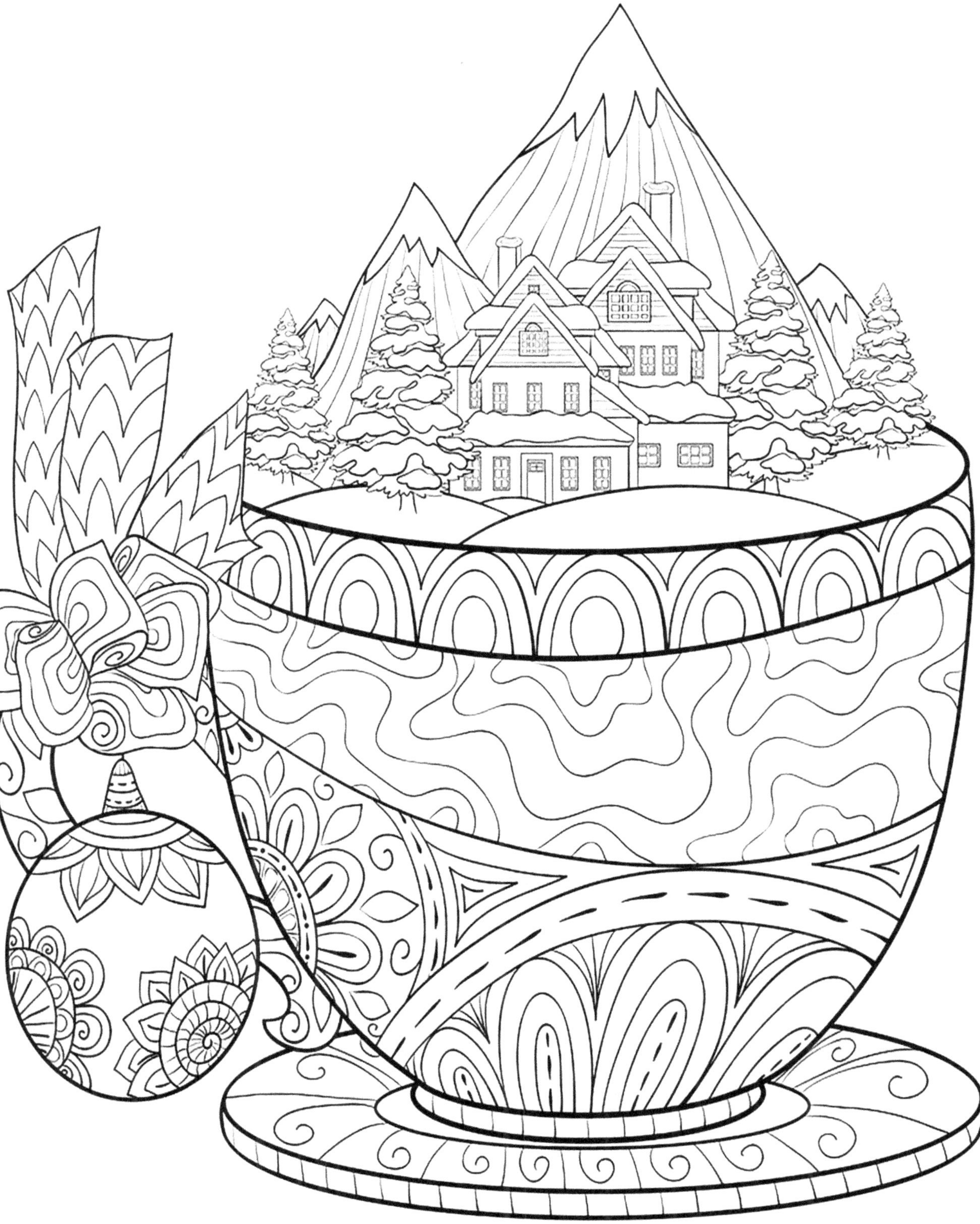

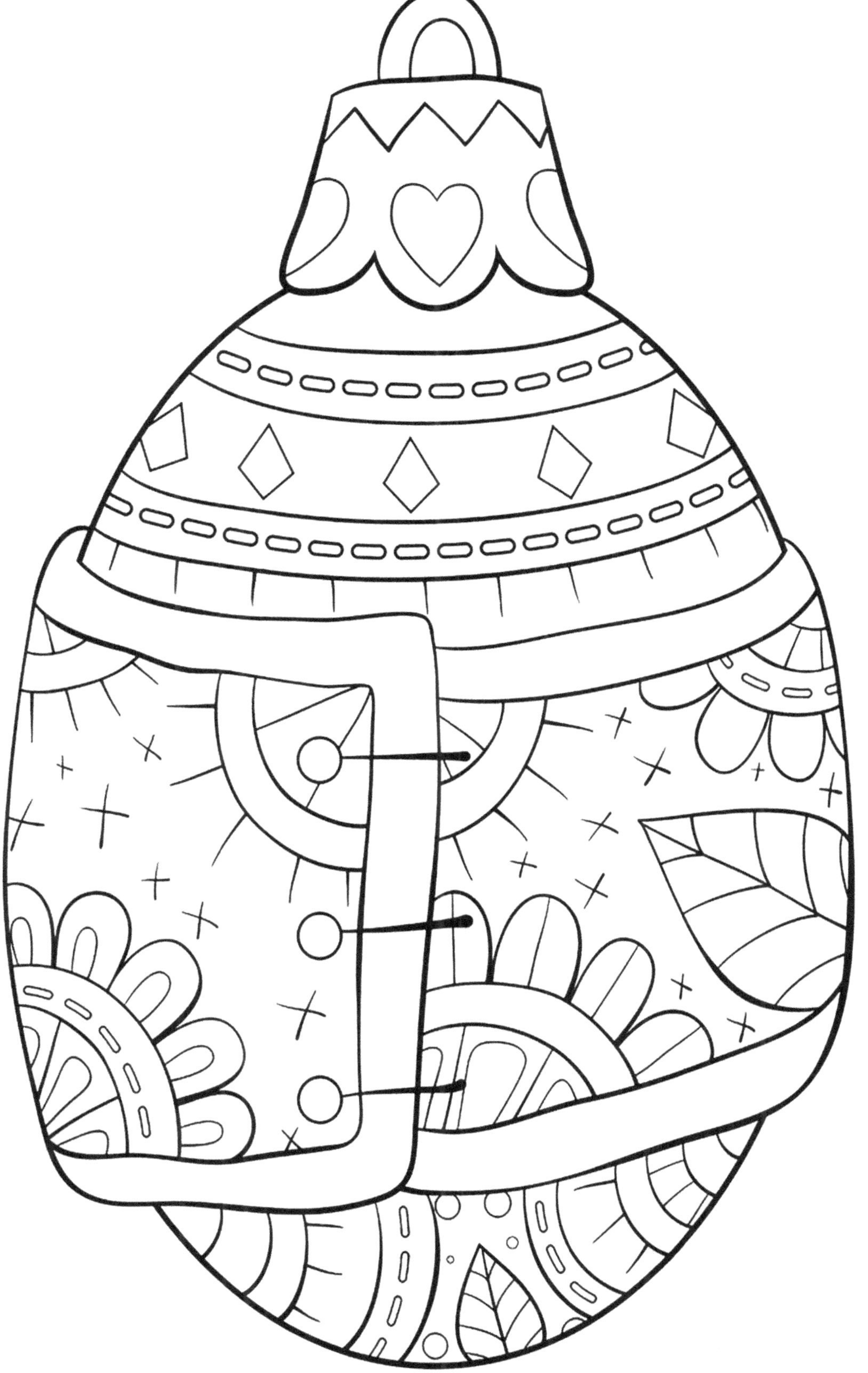

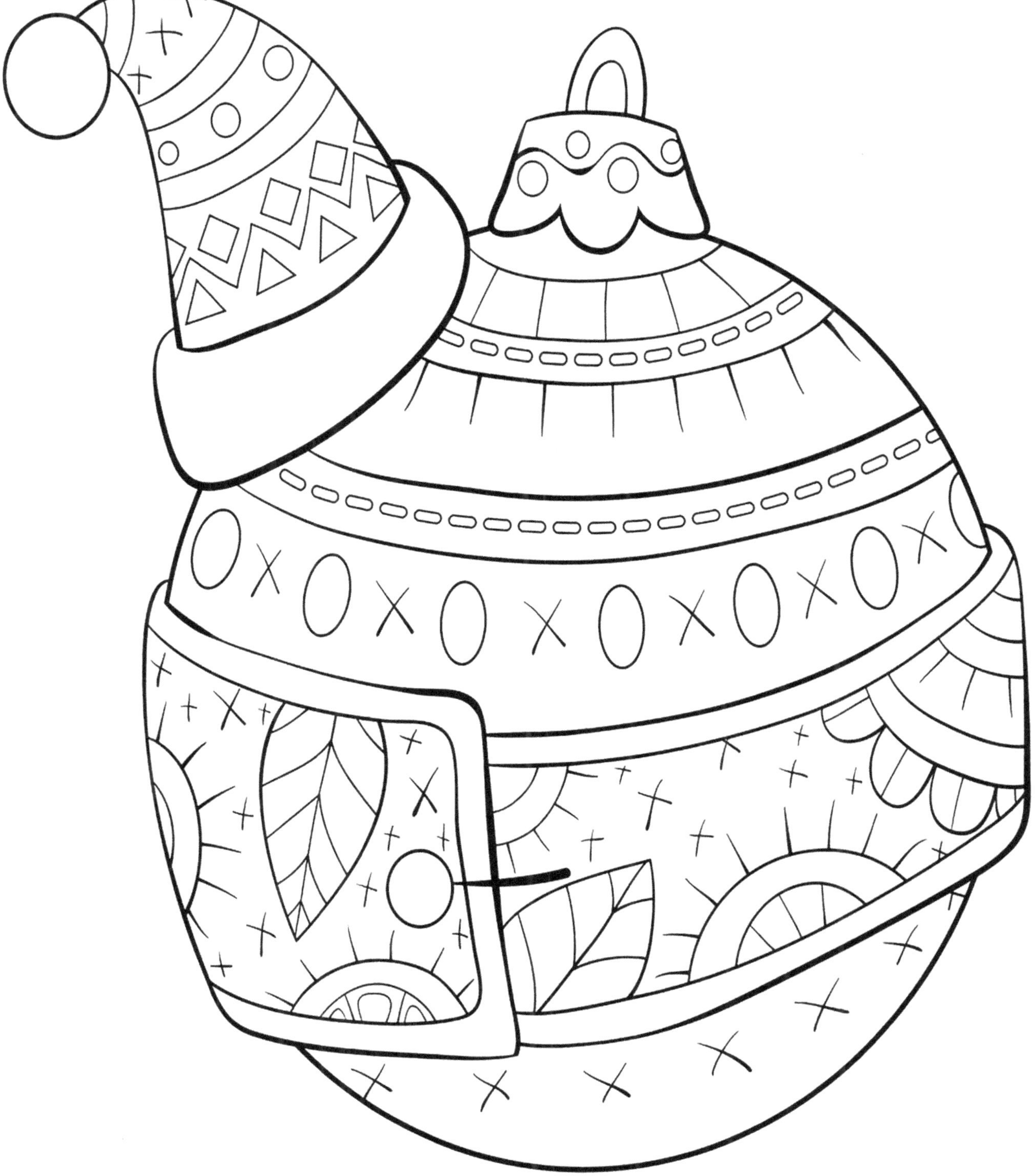

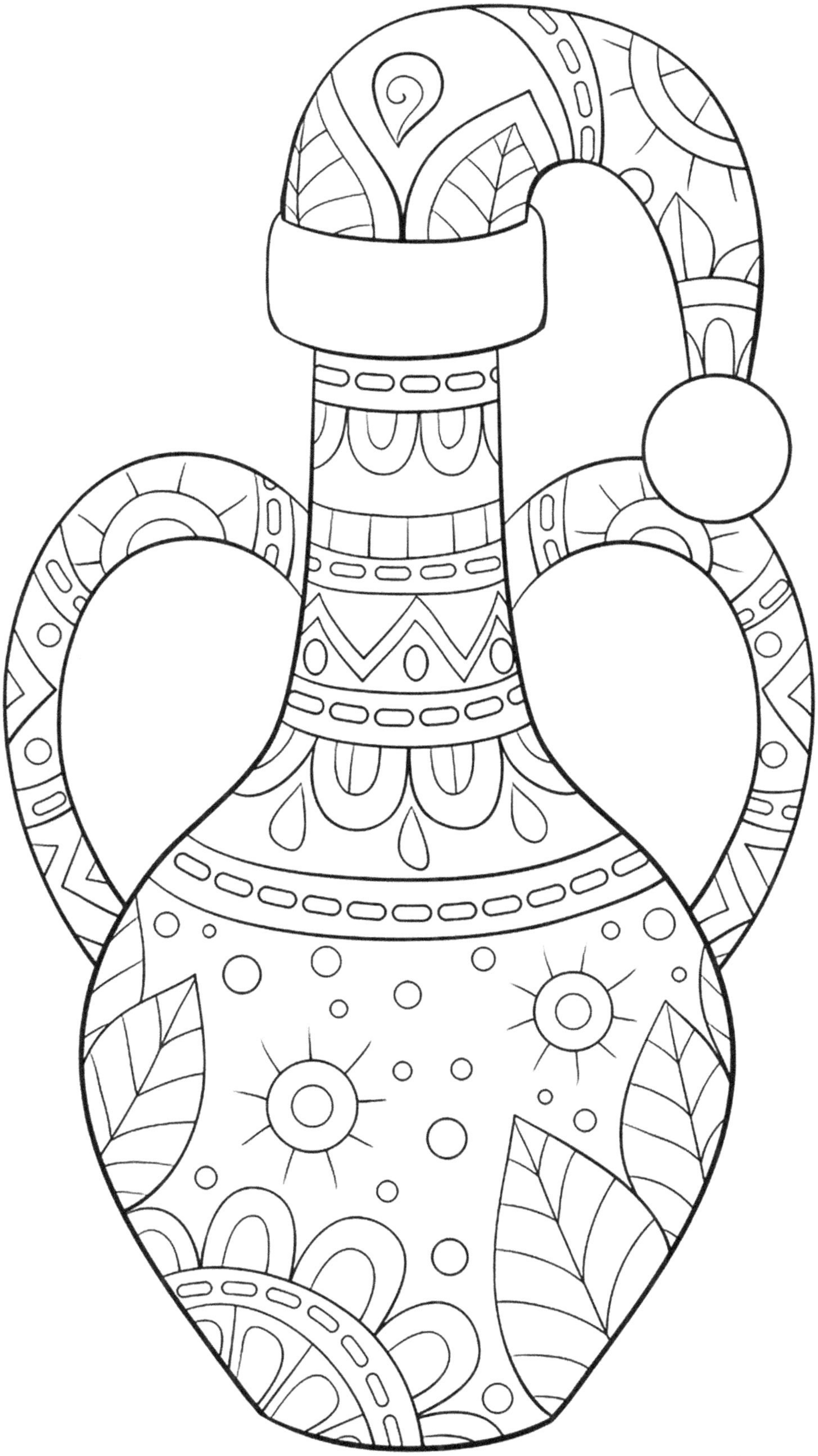

www.ingramcontent.com/pod-product-compliance
Lightning Source LLC
Chambersburg PA
CBHW080617220526
45466CB00010B/3369